JESSICA JOELLE ALEXANDER
IBEN DISSING SANDAHL

Warum dänische Kinder glücklicher und ausgeglichener sind

GOLDMANN

Buch

Was ist das Erziehungsgeheimnis der Dänen? Jessica Joelle Alexander und Iben Dissing Sandahl gehen den Gewohnheiten der glücklichsten Familien der Welt auf den Grund. Mit aufschlussreichen Beispielen und praxisnahen Ratschlägen verdeutlichen sie die sechs grundlegenden Prinzipien der dänischen Erziehung (G-L-U-E-C-K):

Gutes Spiel ist wichtig für Entwicklung und Wohlbefinden.

Lernorientierung bedeutet, sich ein Leben lang weiterzuentwickeln.

Umdeuten hilft Kindern, mit Rückschlägen umzugehen und Dinge positiv zu sehen.

Empathie ermöglicht eine freundliche Haltung gegenüber anderen.

Coolbleiben bedeutet keine Machtkämpfe, Ultimaten oder Ressentiments.

Kuscheliges Zusammensein meint, das Familienleben bei besonderen Anlässen und im Alltag zu genießen. Die Dänen nennen es *hygge* – eine einfache, aber wichtige Möglichkeit, enge Bindungen zu fördern.

Autorinnen

Jessica Joelle Alexander ist Autorin und Kolumnistin. Sie hat einen Bachelor of Science in Psychologie und schreibt unter anderem für *New York Times, Vanity Fair, The Huffington Post* und *The Copenhagen Post.* Sie ist seit mehr als 17 Jahren mit einem Dänen verheiratet, mit dem sie zwei gemeinsame Kinder hat.

Iben Dissing Sandahl ist Coach, Autorin und Psychotherapeutin mit eigener Praxis in der Nähe von Kopenhagen. In ihrer Arbeit spezialisierte sie sich auf Familien und Kinder. Sie arbeitete zehn Jahre lang als Lehrerin in Dänemark, bevor sie narrative Psychotherapie studierte. Sie lebt mit ihrem Mann und ihren beiden Töchtern in Dänemark.

Außerdem von Iben Dissing Sandahl im Programm

»Mama, ich will spielen!«

auch als E-Book erhältlich

JESSICA JOELLE ALEXANDER
IBEN DISSING SANDAHL

Warum dänische Kinder glücklicher und ausgeglichener sind

Die Erziehungsgeheimnisse des glücklichsten Volks der Welt

Aus dem Amerikanischen
von Karin Wirth

GOLDMANN

Die amerikanische Originalausgabe erschien 2016 unter dem Titel »The Danish Way of Parenting« bei TarcherPerigee (Penguin Publishing Group/Random House LLC), New York.

MIX
Papier | Fördert gute Waldnutzung
FSC® C014496

Penguin Random House Verlagsgruppe FSC® N001967

3. Auflage
Vollständige Taschenbuchausgabe März 2020

in der Penguin Random House Verlagsgruppe GmbH,
Neumarkter Str. 28, 81673 München
produktsicherheit@penguinrandomhouse.de
(Vorstehende Angaben sind zugleich Pflichtinformationen nach GPSR)

Umschlag: Uno Werbeagentur, München,
nach einem Entwurf von *zeichenpool, München
Umschlagmotiv: shutterstock/SunKids
Redaktion: Dagmar Rosenberger
Satz: Buch-Werkstatt GmbH, Bad Aibling
Druck und Bindung: GGP Media GmbH, Pößneck
Printed in Germany
KW · AS
ISBN 978-3-442-17705-9

www.goldmann-verlag.de

Inhalt

GLÜCK

Gutes Spiel: Warum freies Spiel Kinder zu glücklicheren, ausgeglicheneren und resilienteren Erwachsenen macht.

Lernorientierung: Warum durch ehrliches Lob eine lernorientierte statt einer fixierten Geisteshaltung gefördert werden kann.

Umdeuten: Warum sich durch Neuinterpretation Ihr Leben und das Ihrer Kinder zum Besseren verändern kann.

Empathie: Warum es eine wesentliche Voraussetzung für glücklichere Kinder und Erwachsene ist, Empathie zu verstehen, zu leben und zu lehren.

Coolbleiben: Warum das Vermeiden von Machtkämpfen und die Anwendung eines demokratischen Erziehungsansatzes Vertrauen, Resilienz und Glück bei Kindern fördert.

Kuscheliges Zusammensein (*hygge*): Warum eine starke soziale Bindung einer der wichtigsten Faktoren für unser Wohlbefinden ist. Und wie wir mit »*hygge*« (kuscheliger Nähe) dieses Geschenk an unsere Kinder weitergeben können.

Vorwort

Dieses Buch zu recherchieren und zu schreiben war uns wirklich eine Herzensangelegenheit. Alles begann mit der Frage: *Was macht dänische Kinder – und dänische Eltern – zu den glücklichsten Menschen der Welt?*

Als amerikanische Mutter, die mit einem Dänen verheiratet ist, und als dänische Psychotherapeutin und Mutter hat uns diese Frage sowohl persönlich berührt als auch intellektuell fasziniert. Die Suche nach Antworten führte uns zu Forschungsergebnissen, Fakten über Dänemark und Interviews mit Experten auf den verschiedensten Gebieten. Als der erste Entwurf dieses Buches fertig war, verschickten wir ihn an eine informelle Zielgruppe aus Müttern, Vätern und Experten in den USA und Europa. Diese Zielgruppe umfasste Demokraten und Republikaner, Müsli-Mamas und beim Militär tätige Väter, stillende Mütter und Karrierefrauen, Eltern, die Wert auf eine enge Bindung legen, und »Tigermütter«, von Kalifornien bis Washington D.C., und darüber hinaus. Wir versuchten Eltern mit möglichst unterschiedlichem Hintergrund zu erreichen.

Nachdem wir ihr wertvolles Feedback bekommen hatten, gaben wir die erste Auflage des Buches im Eigenverlag heraus. Wir waren sicher, etwas Besonderes geschaffen zu haben, aber wir waren nicht auf die außergewöhnliche Entwicklung vorbereitet, die das Ganze nehmen würde – von einer Graswurzelbewegung hin zu einem weltumspannenden Garten. Wir sind jeden Tag, mit jedem neuen Leser, aufs Neue dankbar dafür.

Als wir das Buch auf den Markt brachten und zunächst nur sehr wenige Bestellungen eingingen, waren wir erstaunt über die Orte, aus denen sie kamen: Neuseeland, Südafrika, verschiedene europäische Länder, Vietnam, Indonesien, Australien und die USA, um nur einige zu nennen. Hollywood-Regisseure, dänische Botschafter und College-Professoren kauften das Buch. Das wussten wir, weil wir die Bücher eigenhändig verpackten, adressierten und verschickten! Es war vielversprechend, aber auch langwierig und mühsam, und die schwachen Erfolgsaussichten bedrückten uns.

Doch allmählich bekamen wir Feedback von den Lesern – von Eltern, die sich mit unseren Gedanken auseinandersetzten und sie in ihren eigenen Familien ausprobierten. Dieses Feedback war mehr als positiv: Es war voller Dankbarkeit und Erleichterung darüber, weil unser Buch das Gefühl vieler Eltern bestätigte, dass es noch eine andere Art der Kindererziehung gibt, bei der es nicht in erster Linie darum geht, gesellschaftliche Erwartungen zu erfüllen und Dinge »richtig zu machen«.

Eltern schrieben uns, dass ihnen die Vorstellung gefalle, sich auf Spiel, Empathie und Sozialkompetenz (statt nur auf akademische Fähigkeiten) als wichtige Elemente der Kindererziehung zu konzentrieren. Und dass diese Erziehungsmethode schon lange in einer blühenden, glücklichen Gesellschaft praktiziert wird, war für viele Leser, die bis dahin nicht viel über Dänemark gehört hatten, sehr aufschlussreich.

Eine Professorin kontaktierte uns, um uns von einem Seminar zu berichten, das sie auf der Basis unseres Buches konzipiert hatte – zur großen Begeisterung ihrer Studenten, denen darin die Augen für eine andere Art der Erziehung geöffnet worden waren.

Wir verbreiteten weiterhin die Botschaft vom Wert des dänischen Erziehungsstils, schrieben Artikel und gaben Interviews, und dadurch entstand allmählich ein Dominoeffekt.

Ein indischer Geschäftsmann kaufte das Buch auf seiner Rückreise von Dänemark. Er schrieb uns, dass er es in ganz Indien bekannt machen wolle – in Schulen, in Kinderarztpraxen, in der Lehrerausbildung und in der allgemeinen Öffentlichkeit. »Das ist kein Buch«, schrieb er uns, »sondern eine Bewegung. Und ich sehe darin eine Bewegung, die ein ganzes Land verändern kann.« Wir waren ihm unglaublich dankbar.

Nun ist unser Buch in dieser aktualisierten Ausgabe bei einem großen Verlag gelandet. Der Rest ist (gerade stattfindende) Geschichte.

Wie die Kindererziehung ist auch dieses Buch eine schwierige, mühsame, beglückende und befriedigende Erfahrung. Der erfreulichste und erfüllendste Aspekt ist jedoch das unglaubliche Feedback unserer Leser: von Eltern, Großeltern, Lehrern und Erziehern, von kinderlosen Lesern, Psychologen und Buchclubs. Ob die Leser mit allen Aspekten des dänischen Erziehungsstils einverstanden waren oder nicht – ein guter Ausgangspunkt für Gespräche war das Thema auf jeden Fall. Wir hoffen, dass sich unsere Ideen wie Samen mit dem Wind verbreiten werden, damit mehr Güte, Empathie und Glück in der Welt gedeihen kann. Und wir hoffen, dass sie auch Ihnen und Ihrer Familie ein glücklicheres Zusammenleben bescheren.

Jessica Joelle Alexander
Iben Dissing Sandahl

Einleitung

Was ist das Geheimnis des dänischen Glücks?

Dänemark, ein kleines Land im Norden Europas, das für Hans Christian Andersens Märchen »Die kleine Meerjungfrau« bekannt ist, wurde von der OECD (Organisation für wirtschaftliche Entwicklung und Zusammenarbeit) seit 1973 fast jedes Jahr zu dem Land mit den glücklichsten Menschen der Welt gewählt! 1973! Das sind mehr als vierzig Jahre! Wenn man sich das einmal vor Augen führt, ist es eine wirklich eindrucksvolle Leistung. Auch im kürzlich wieder von der UN herausgegebenen *World Happiness Report* liegt Dänemark zum wiederholten Mal an der Spitze. Was ist das Glücksgeheimnis der Dänen?

Der Lösung dieses Rätsels wurden zahllose Artikel und Studien gewidmet. Dänemark? Warum Dänemark? In der Sendung *60 Minutes* im amerikanischen Fernsehen wurde eine Reportage mit dem Titel »Das Streben nach Glück« gezeigt. Oprah Winfrey hatte eine Sendung mit dem Titel »Warum sind die Dänen so glücklich?«. Die Antworten auf diese Frage blieben immer relativ offen. Ist es die Qualität ihres umfassenden Sozialsystems, sind es ihre Häuser oder ist es ihre Regierung? Die hohen Steuern und die kalten, dunklen Winter in Dänemark können es wohl kaum sein.

Andererseits sind die USA, das Land, das das Streben nach Glück in seine Unabhängigkeitserklärung aufgenommen hat, nicht einmal unter den ersten zehn in diesem Ranking. Es reicht gerade mal für einen Platz unter den ersten zwanzig: Nummer 14. Trotz eines eigens dem Glück gewidmeten Teilgebiets der Psychologie und einer endlosen Flut von Ratgeberliteratur mit Anleitungen zum Erreichen dieses flüchtigen Zustandes sind wir nicht wirklich glücklich. Woran liegt das? Und vor allem: Warum sind die Dänen so zufrieden?

Nach jahrelanger Recherche glauben wir nun endlich das Geheimnis des dänischen Glücks entdeckt zu haben: Die Antwort liegt schlicht und ergreifend in der Kindererziehung.

Die Erziehungsphilosophie der Dänen und die Art ihres Umgangs mit Kindern führt zu ziemlich eindrucksvollen Ergebnissen: zu resilienten, emotional stabilen, glücklichen Kindern, aus denen resiliente, emotional stabile, glückliche Erwachsene werden, die diesen hoch wirksamen Erziehungsstil dann wiederum bei ihren Kindern anwenden. Das Vermächtnis wiederholt sich, und dabei kommt eine Gesellschaft heraus, die seit mehr als 40 Jahren in Folge die internationalen Glücksrankings anführt.

Wir möchten die Erkenntnisse unserer erstaunlichen Entdeckungsreise und unser Wissen um die dänischen Erziehungsmethoden mit Ihnen teilen. In dieser Schritt-für-Schritt-Anleitung wollen wir Müttern und Vätern helfen, die im Begriff sind, eine der schwierigsten und wichtigsten Aufgaben der Welt zu übernehmen oder schon mittendrin stecken. Die Umsetzung dieser Methoden erfordert Übung, Geduld, Entschlossenheit und Bewusstheit, aber das Ergebnis ist alle Anstrengung wert.

Denken Sie daran, dass es Ihr Vermächtnis ist. Wenn Sie das Ziel haben, die glücklichsten Menschen der Welt großzuziehen, dann lesen Sie bitte weiter. Sie finden hier das wahre Geheimnis des dänischen Erfolgs.

Jessicas Geschichte

Als meine Freunde erfuhren, dass ich Co-Autorin eines Erziehungsbuches geworden war, reagierten sie alle belustigt. »Du, die unmütterlichste Frau, die wir kennen, hat an einem Erziehungsratgeber mitgeschrieben?« Ironischerweise hat gerade mein Mangel an angeborenen mütterlichen Fähigkeiten überhaupt erst mein Interesse am dänischen Erziehungsstil geweckt. Der dänische Stil hat mein Leben so grundlegend verändert, dass ich wusste: Wenn er mir helfen konnte, konnte er definitiv auch anderen helfen.

Wissen Sie, ich wurde nicht mit all den fürsorglichen mütterlichen Fähigkeiten und Instinkten geboren, mit denen angeblich alle Frauen ausgestattet sind. Ich habe kein Problem damit, das zuzugeben. Ich war kein »Kindermensch«. Wenn ich ganz ehrlich sein soll, mochte ich Kinder nicht einmal besonders. Ich wurde Mutter, weil das irgendwie dazugehört. Sie können sich vorstellen, welche Ängste ich hatte, als ich schwanger wurde und dachte: »Wie um alles in der Welt soll ich diese Aufgabe bewältigen? Ich werde sicher eine schreckliche Mutter!« Und so verschlang ich sämtliche Erziehungsratgeber, die ich in die Finger bekam. Ich las viel. Ich lernte viel. Aber die Angst blieb.

Zu meinem Glück war ich mit einem Dänen verheiratet. Ich war seit mehr als acht Jahren der dänischen Kultur ausgesetzt, und mir war schon aufgefallen, dass die Dänen bei ihren Kindern eindeutig etwas richtig machten. Im Großen und Ganzen erlebte ich dort glückliche, ruhige, wohlerzogene Kinder und fragte mich, wie die dänischen Eltern das erreichten. Aber zu diesem Thema gab es keinen Erziehungsratgeber.

Als ich schließlich selbst Mutter wurde, tat ich das Naheliegende: Ich fragte meine dänischen Freunde und Verwandten nach all den Dingen, die mir unklar waren – vom Stillen über das Disziplinieren bis hin zur Schulbildung –, und die spontanen Antworten waren für mich wertvoller als alle Bücher in meinen Regalen. Auf diese Weise entdeckte ich eine Erziehungsphilosophie, die mir die Augen öffnete und mein Leben völlig veränderte.

Ich sprach auch mit meiner guten Freundin Iben über dieses Thema. Iben ist eine dänische Psychotherapeutin mit langjähriger Erfahrung in der Arbeit mit Familien und Kindern, und wir stellten uns gemeinsam die Frage: »Gibt es einen dänischen Erziehungsstil?« Ihres Wissens nach gab es ihn nicht. Wir suchten überall nach Literatur zu diesem Thema, aber es gab keine. In all den Jahren ihrer Arbeit im dänischen Schulsystem und als Familientherapeutin hatte Iben noch nie von einem »dänischen Stil« gehört. Sie kannte alle wissenschaftlichen Theorien und Forschungsergebnisse zu Erziehungsmethoden, von denen sie viele täglich in ihrem eigenen Familienleben anwandte, aber konnte es einen klar definierbaren, in ihre eigene Kultur eingebetteten Erziehungsstil geben, den sie bisher nicht wahrgenommen hatte?

Ein Muster wird erkennbar

Je mehr wir darüber sprachen, desto klarer wurde uns, dass es tatsächlich eine dänische Erziehungsphilosophie gab, die aber so eng mit dem Alltagsleben und der dänischen Kultur verwoben war, dass sie für diejenigen, die sie ganz selbstverständlich praktizierten und vorlebten, nicht ohne weiteres erkennbar war. Je genauer wir nun hinschauten, desto deutlicher wurde das Muster im Gewebe. Und dann lag er vor uns, der dänische Erziehungsstil.

Warum dänische Kinder glücklicher und ausgeglichener sind ist unsere Theorie auf der Basis von mehr als dreizehn Jahren Erfahrung, Forschung und Analyse von Studien und Fakten zur dänischen Alltagskultur. Iben ist Expertin auf ihrem Gebiet und brachte neben ihrer persönlichen Erfahrung berufliche Kenntnisse sowie viele Studien und kulturelle Beispiele ein. Wir haben beide auf dieser Reise sehr viel gelernt, indem wir recherchiert und mit Eltern, Psychologen und Lehrern ausführliche Interviews zum dänischen Erziehungssystem geführt haben (alle zugrunde liegenden Studien sind am Ende dieses Buchs aufgeführt).

> Glückliche Kinder wachsen zu glücklichen Erwachsenen heran, die glückliche Kinder großziehen, und so weiter.

Wir möchten gern klarstellen, dass dies weder ein politisches Statement noch ein Buch über das Leben in Dänemark ist. Unser Buch stellt vielmehr einen Erziehungsstil vor, der unserer Meinung nach einer der wichtigsten Gründe dafür ist, dass die Dänen so glücklich sind. Glückliche Kinder wachsen zu glücklichen Erwachsenen heran, die glückliche Kinder großziehen, und so weiter.

Wir wissen dabei auch, dass ihr Erziehungsstil nicht der einzige Grund für die Zufriedenheit der Dänen ist. Wir wissen, dass viele Faktoren zu ihrem Glück beitragen und dass es in diesem Land sicherlich auch unglückliche Menschen gibt. Dänemark ist kein Utopia und hat wie jedes andere Land seine eigenen Probleme, mit denen es sich auseinandersetzen muss. Auch steht hinter diesem Buch nicht die Absicht, andere Länder zu verunglimpfen. Jessica ist stolz darauf, Amerikanerin zu sein, und liebt ihr Land sehr. Sie hat einfach die Möglichkeit erhalten, die Welt auch mal durch eine andere Brille (die dänische) zu betrachten, und das hat ihre gesamte Weltsicht verändert.

Wir möchten Ihnen diese Brille anbieten, damit Sie selbst herausfinden können, was Sie denken, wenn Sie hindurchschauen. Wenn Ihnen dieses Buch hilft, Dinge anders zu sehen, dann ist es für uns ein Erfolg. Und wir hoffen, dass Ihnen die Reise Freude macht.

1.

Unsere »Standardeinstellungen« erkennen

Wir haben alle schon einmal darüber nachgedacht, was es bedeutet, Eltern zu sein. Ob vor der Geburt des ersten Kindes, während des Trotzanfalls eines Kleinkindes oder während eines Streit beim Mittagessen darüber, ob unser Kind seine Erbsen isst – wir haben uns alle schon gefragt, ob wir es richtig machen. Viele von uns suchen Rat in Büchern und im Internet, oder wir sprechen mit Freunden und Angehörigen darüber. Meistens suchen wir einfach nur die Bestätigung dafür, dass wir tatsächlich alles richtig machen.

Aber haben Sie sich je gefragt, was wirklich richtig ist? Woher stammen unsere Vorstellungen über richtige Erziehung? Wenn man nach Italien reist, sieht man Kinder um 21.00 Uhr zu Abend essen und fast bis Mitternacht in Restaurants herumrennen. In Norwegen werden Babys regelmäßig bei Minustemperaturen zum Schlafen im Freien gelassen. Und in Belgien dürfen Kinder Bier trinken. Uns kommen diese Verhaltensweisen abwegig vor, aber diesen Eltern erscheinen sie »richtig«.

Diese impliziten, für selbstverständlich gehaltenen Vorstellungen von Kindererziehung sind das, was Sara Harkness, Professorin für menschliche Entwicklung an der Universität Connecticut, als »elterliche Ethnotheorien« bezeichnet. Sie hat dieses Phänomen jahrzehntelang in verschiedenen Kulturen untersucht und dabei herausgefunden, dass diese inhärenten Überzeugungen über die richtige Erziehung gesellschaftlich so tief verankert sind, dass es fast unmöglich ist, sie objektiv zu betrachten. Für uns scheinen sie die einzig denkbare Art zu sein.

Und so haben die meisten von uns zwar schon darüber nachgedacht, was es bedeutet, Eltern zu sein, aber haben Sie auch schon darüber nachgedacht, was es bedeutet, amerikanische oder deutsche Eltern zu sein? Darüber, wie die kulturspezifische Brille, die wir tragen, unsere Fähigkeit zu erkennen, was »richtig« ist, beeinflusst?

Was wäre, wenn wir diese Brille einen Augenblick abnehmen würden? Was würden wir sehen? Wenn wir einen Schritt zurücktreten und das eigene Land mit einer gewissen Distanz betrachten würden? Welchen Eindruck hätten wir?

Eltern und Kinder unter Druck

Seit Jahren stellt die Unzufriedenheit in allen Schichten der Gesellschaft ein wachsendes Problem dar. Der Konsum von Antidepressiva ist laut National Center for Health Statistics zwischen 2005 und 2008 um 400 Prozent gestiegen. Bei Kindern wird eine steigende Zahl psychischer Störungen diagnostiziert und mit Medikamenten behandelt, für die es zum Teil keine klare Diagnosemethode gibt. 2010 nahmen in den USA mindestens 5,2 Millionen Kinder zwischen drei und 17 Jahren wegen Aufmerksamkeitsdefizitstörungen Ritalin.

Wir kämpfen gegen Übergewicht und die »vorzeitige Pubertät«, wie es jetzt genannt wird. Mädchen und Jungen bekommen schon im Alter von sieben oder acht Jahren Hormonspritzen, um die Pubertät aufzuhalten. Die meisten von uns stellen das nicht einmal als befremdlich infrage. Es ist einfach die Lage der Dinge. »Meine Tochter bekommt die Spritze«, berichtete kürzlich eine Mutter beiläufig über ihre achtjährige Tochter, von der sie glaubte, dass sie zu früh in die Pubertät komme.

Viele Eltern unterliegen in Bezug auf sich selbst, ihre Kinder und andere Eltern einem extremen Konkurrenzdenken, ohne sich dessen bewusst zu sein. Natürlich sind nicht alle Menschen so und wollen es auch nicht sein, aber sie können sich in dieser wettbewerbsorientierten Kultur dem Druck nur schwer entziehen. Die Sprache, die sie umgibt, kann eine intensive Wirkung haben und Menschen in die Defensive drängen: »Kim ist beim Fußball einfach ein Ass. Der Trainer sagt, sie sei eine der Besten im Team. Und trotz Fußball, Karate und Schwimmen schafft sie auch noch glatte Einsen in der Schule. Ich weiß gar nicht, wie sie das hinkriegt! Was ist mit Olivia? Wie läuft es bei ihr?« Wir stehen unter dem allgegenwärtigen Druck, gute Leistungen zu bringen und erfolgreiche Eltern zu sein. Und das gilt auch für unsere Kinder: Sie sollen in der Schule überdurchschnittliche Leistungen bringen und unsere Vorstellung von einem erfolgreichen Kind erfüllen. Unser Stressniveau ist oft hoch, und wir haben ständig das Gefühl, von anderen und von uns selbst beurteilt zu werden. Was drängt uns als Gesellschaft dazu, nach einem Maßstab zu leben und zu arbeiten, der durch Konkurrenz, Leistung und Erfolg bestimmt ist und der uns nicht glücklich zu machen scheint? Was ist, wenn einige der »Antworten«, die wir in der Kindererziehung haben, und unsere elterlichen Normen falsch sind?

Was wäre, wenn wir herausfänden, dass die Brille, die wir tragen, die falsche Stärke hat und wir die Dinge nicht so klar sehen können, wie wir dachten? Wir würden die Brillengläser austauschen, unsere Sehstärke korrigieren und unsere Welt neu betrachten. Und wir würden feststellen, dass die Dinge ganz anders aussehen! Dinge aus einer neuen Perspektive, mit neuen Brillengläsern, zu betrachten, wirft die Frage auf: *Gibt es eine bessere Möglichkeit?*

Wir können auch anders: Wie wir unsere »Standardeinstellungen« verändern

Neulich war Jessica mit ihrem fast dreijährigen Sohn in der Stadt. Er saß auf einem Laufrad und rollte damit in Richtung Straße, obwohl Jessica ihm mehrmals zurief, dass er anhalten solle. Sie rannte ihm aufgeregt nach, packte ihn fest am Arm und schüttelte ihn. Jessica war wütend und verängstigt und war gerade im Begriff, »Halt gefälligst an, wenn ich es dir sage!« zu schreien, als sie merkte, dass ihr Sohn vor Angst gleich weinen würde. In diesem Augenblick musste sie all ihre Kraft zusammennehmen, um innerlich einen Schritt zurückzutreten und festzustellen, was sie gerade tat. Das war nicht die Reaktion, die sie zeigen wollte. Sie suchte im Geist nach einer anderen Möglichkeit und fand eine Antwort. Sie hielt inne, atmete tief ein und beugte sich zu ihrem Sohn hinunter. Sie hielt seine Arme fest und sah ihn bittend an. Mit ruhiger, aber besorgter Stimme sagte sie: »Willst du Aua haben? Mami will nicht, dass du Aua hast! Siehst du diese Autos?« Sie zeigte auf die Autos, und der Kleine nickte. »Autos machen Sebastian Aua!«

Er nickte wieder, während er ihr zuhörte. »Autos, Aua«, wiederholte er.

»Wenn Mami sagt, dass du stehenbleiben sollst, bleibst du stehen, okay? Damit du nicht Aua von den Autos bekommst.«

Sebastian nickte. Er weinte schließlich doch nicht. Sie umarmten sich, und Jessica spürte, wie er an ihrer Schulter murmelte: »Autos. Aua.«

Fünf Minuten später kamen sie an einen Zebrastreifen. Jessica sagte ihrem Sohn, dass er anhalten solle, und das tat er. Er zeigte auf die Straße und schüttelte den Kopf: »Autos Aua.« Sie zeigte ihm, wie froh sie war, indem sie auf und ab hüpfte und in die Hände klatschte. Jessica war nicht nur froh darüber, dass Sebastian angehalten hatte, sondern auch darüber, dass es ihr gelungen war, in einem schwierigen Augenblick nicht ihrem ersten Impuls zu folgen, sondern ihr Verhalten bewusst zu verändern. Es war nicht einfach, aber durch diese Verhaltensänderung wurde aus einer stressigen und explosiven Situation eine fröhliche, sichere Situation, in der beide glücklicher waren.

Manchmal vergessen wir, dass »erziehen«, genauso wie »lieben«, ein *Tun*wort (Verb) ist. Positive Ergebnisse erfordern Anstrengung und Arbeit. Und gute Eltern zu sein erfordert unglaublich viel Selbstwahrnehmung. Wir müssen uns anschauen, was wir tun, wenn wir müde und gestresst sind und an unsere Grenzen kommen. Diese Verhaltensweisen sind unsere »Standardeinstellungen«. Unsere »Standardeinstellungen« sind die Verhaltensweise und Reaktionen, die wir automatisch zeigen, wenn wir zu müde sind, um uns für etwas Besseres zu entscheiden.

Manchmal vergessen wir, dass »erziehen«,
genau wie »lieben«, ein *Tun*wort (Verb) ist.

Die meisten unserer »Standardeinstellungen« haben wir von unseren Eltern übernommen. Sie sind uns einprogrammiert wie das Betriebssystem in einem Computer. Sie sind quasi die Werkseinstellungen, auf die wir zurückgreifen, wenn wir mit unserem Latein am Ende sind und nicht mehr nachdenken; sie wurden durch unsere Erziehung in uns installiert. Diese Denk- und Verhaltensweisen kommen zum Tragen, wenn wir uns Dinge sagen hören, die wir nicht wirklich sagen wollen. Wenn wir in einer Weise agieren und reagieren, bei der wir uns nicht sicher sind, ob wir wirklich so agieren und reagieren wollen. Wenn wir uns schlecht fühlen, weil wir tief drinnen wissen, dass es eine bessere Möglichkeit gibt, bei unseren Kindern bestimmte Ergebnisse zu erzielen, aber nicht wissen, welche. Jedem, der Kinder hat, ist dieses Gefühl vertraut.

Darum ist es so wichtig, unsere Standardeinstellungen zu überprüfen und zu verstehen. Was gefällt Ihnen an Ihrer Art, mit Ihren Kindern umzugehen? Was gefällt Ihnen nicht? Welche Ihrer Verhaltensweisen ist einfach eine Wiederholung aus Ihrer eigenen Kindheit? Was würden Sie gern ändern? Erst wenn Sie Ihre typischen Denk- und Verhaltensweisen als Eltern kennen, können Sie entscheiden, wie Sie sie zum Besseren verändern wollen.

In den folgenden Kapiteln helfen wir Ihnen, zu erkennen, wie einige dieser positiven Veränderungen aussehen können. Mithilfe des einprägsamen Akronyms GLÜCK (**G**utes Spiel, **L**ernorientierung, **U**mdeuten, **E**mpathie, **C**oolbleiben und **K**uscheln) untersuchen wir einige der bewährten Methoden, die bei dänischen Eltern seit mehr als vierzig Jahren funktionieren.

Eine erhöhte Selbstwahrnehmung und bewusste Entscheidungen in Bezug auf unsere Aktionen und Reaktionen sind die ersten Schritte zu dieser Veränderung. Auf diese Weise werden wir bessere Eltern – und bessere Menschen. Und so schaffen wir ein Vermächtnis des Glücks, das wir an die nächsten Generationen weitergeben können. Gibt es ein besseres Geschenk für Ihre Kinder und Enkel, als sie dabei zu unterstützen, sich zu glücklicheren, sichereren und resilienten Erwachsenen zu entwickeln?

2.

»G« steht für gutes Spiel

»Oft wird vom Spielen gesprochen,
als ob es eine Pause vom ernsthaften Lernen darstelle,
aber für Kinder ist Spielen ernsthaftes Lernen.«

FRED ROGERS

Ist Ihnen aufgefallen, dass es einen unausgesprochenen oder sogar ausgesprochenen immensen Druck auf die heutigen Eltern gibt, alle möglichen Aktivitäten für Kinder zu organisieren? Ob es Schwimmen, Ballett, Klavierspielen oder Fußball ist – man hat als Mutter oder Vater das Gefühl, seinen Job nicht ordentlich zu machen, wenn die eigenen Kinder nicht an mindestens drei oder vier Aktivitäten pro Woche teilnehmen. Wie oft hat man schon Eltern sagen hören, dass ihr ganzer Samstag dafür draufgeht, ihre Kinder zu verschiedenen sportlichen oder sonstigen Aktivitäten zu fahren?

Aber wann haben Sie zum letzten Mal jemanden sagen hören: »Am Samstag spielt meine Tochter.«?

Und mit »spielen« meinen wir nicht Geige oder Fußball spielen oder zu einer von Erwachsenen organisierten Spielverabredung gehen. Wir meinen ein »Spielen«, bei dem die Kinder – allein oder mit einem Freund – sich selbst überlassen sind und genau so spielen, wie sie es wollen und solange sie wollen. Wenn Eltern dieses selbstbestimmte, freie Spiel zulassen, haben sie oft nagende Schuldgefühle, falls sie es zugeben. Denn wir fühlen uns als bessere Eltern, wenn wir den Kindern etwas beibringen, sie in einer Sportart trainieren lassen oder ihren kleinen Gehirnen irgendeine Art von Input geben. Spielen scheint eine Art Verschwendung wertvoller Lernzeit zu sein. Aber ist es das wirklich?

In den USA ist die Zahl der Stunden, in denen Kinder spielen dürfen, in den letzten fünfzig Jahren dramatisch zurückgegangen. Dafür sind neben dem Fernsehen und dem Computer auch die Angst der Eltern, dass die Kinder sich verletzen könnten, sowie ihr starker Wunsch, ihre Entwicklung zu fördern, verantwortlich. Alle diese Faktoren haben einen Großteil der Zeit in Beschlag genommen, die den Kindern früher zum Spielen zur Verfügung stand.

Als Eltern sind wir beruhigt, wenn unsere Kinder erkennbare Fortschritte machen. Wir schauen ihnen gern beim Fußballspielen zu, während sie von anderen angefeuert werden, oder gehen zu ihren Ballettaufführungen oder Klavierkonzerten. Wir berichten stolz, dass Paul eine Medaille oder einen Pokal gewonnen hat oder ein neues Stück spielen kann oder das spanische Alphabet aufsagen kann. Das gibt uns das Gefühl, gute Eltern zu sein. Wir tun es mit den besten Absichten, denn indem wir dafür sorgen, dass unsere Kinder zusätzlichen Unterricht erhalten und an strukturierten Aktivitäten teilnehmen, geben wir ihnen die Möglichkeit, erfolgreichere Erwachsene zu werden. Aber ist das wirklich so?

Es ist kein Geheimnis, dass die Diagnosen »Angststörung«, »Depression« und »Aufmerksamkeitsdefizitstörung« bei Kindern sprunghaft angestiegen sind. Ist es möglich, dass wir unsere Kinder unwissentlich in Angst versetzen, indem wir ihnen die Möglichkeit zum Spielen nehmen?

Von Anfang an auf Erfolg programmiert

Viele Eltern wollen, dass ihre Kinder vorzeitig eingeschult werden oder eine Klasse überspringen. Kinder lernen immer früher Lesen und Rechnen, und wir sind stolz auf sie, weil sie »klug« sind, denn Intelligenz und Sportlichkeit sind in unserer Kultur hoch angesehen. Wir geben uns viel Mühe, um sie mit Nachhilfe und Lernspielzeug und -programmen dahin zu bringen. Schulischer Erfolg ist das Ziel vieler Eltern, und das sind greifbare, sichtbare, messbare Zeichen des Erfolgs. Freies Spiel macht den Kindern zwar Spaß, aber was lernen sie dabei?

Was wäre, wenn wir den Eltern sagen würden, dass ihre Kinder beim freien Spiel lernen, weniger ängstlich zu sein und besser mit Frustration umzugehen? Sie stärken spielerisch ihre Resilienz. Und Resilienz ist nachweislich einer der wichtigsten Faktoren für den späteren Erfolg im Erwachsenenleben. Die Fähigkeit, sich nach Niederlagen wieder »aufzurappeln«, Gefühle zu regulieren und mit Stress umzugehen, ist eine wichtige Eigenschaft eines gesunden Erwachsenen. Wir wissen inzwischen, dass Resilienz Ängste und Depressionen verhindert, und die Dänen fördern diese Fähigkeit schon seit langem bei ihren Kindern, indem sie sie häufig frei spielen lassen.

Beim freien Spiel lernen Kinder, weniger ängstlich zu sein und besser mit Frustration umzugehen.

In Dänemark entwickelte das Ehepaar Niels und Erna Juel-Hansen schon 1871 die erste Pädagogik auf erziehungswissenschaftlicher Basis, die auch freies Spiel beinhaltete. Sie fanden heraus, dass freies Spiel für die Entwicklung eines Kindes unerlässlich ist. Lange Zeit durften dänische Kinder erst mit sieben Jahren eingeschult werden. Pädagogen und die Menschen, die die Lehrpläne entwarfen, wollten nicht, dass sie schon mit fünf oder sechs Jahren unterrichtet wurden, weil sie der Überzeugung waren, dass Kinder in erster Linie Kinder sein und spielen sollten. Und selbst heute endet der reguläre Schulunterricht für Kinder bis zum Alter von zehn Jahren in Dänemark um 14.00 Uhr. Anschließend können sie für den Rest des Tages zur sogenannten »Freizeitschule« *(skolefritidsordning)* gehen, wo sie in erster Linie zum Spielen angeregt werden. Erstaunlich, aber wahr!

In Dänemark liegt das Hauptaugenmerk nicht auf Bildung oder Sport, sondern auf dem ganzen Kind. Eltern und Lehrer konzentrieren sich auf Dinge wie Sozialisation, Autonomie, Zusammenhalt, Demokratie und Selbstwertgefühl. Sie wollen, dass Kinder Resilienz lernen und einen verlässlichen inneren Kompass entwickeln, der sie durchs Leben führt. Sie wissen, dass die Kinder auch eine gute Bildung erhalten und viele Fähigkeiten erwerben. Aber echtes Glück resultiert nicht allein aus guter Bildung. Ein Kind, das lernt, mit Stress umzugehen, Freundschaften schließt und ein realistisches Bild von der Welt hat, hat Lebenskompetenzen erworben, die sich beispielsweise sehr stark von den Fähigkeiten eines Mathegenies unterscheiden. Lebenskompetenzen beziehen sich nach dänischem Verständnis auf alle Aspekte des Lebens, nicht nur auf das Berufsleben. Denn was ist ein Mathegenie ohne die Fähigkeit, mit den Höhen und Tiefen des Lebens umzugehen? Alle dänischen Eltern, mit denen wir gesprochen haben, erklärten, dass sie die Konzentration auf Leistung und Druck bei der Kindererziehung für den falschen Weg halten.

Ihrer Ansicht nach können Kinder, die immer nur Leistung bringen, um etwas (gute Noten, Preise oder Lob von Lehrern oder Eltern) von außen zu bekommen, keinen inneren Antrieb entwickeln. Sie glauben vielmehr, dass Kinder vor allem Freiraum und Vertrauen brauchen, damit sie lernen können, Dinge aus eigener Kraft zu bewältigen, ihre eigenen Probleme zu schaffen und zu lösen. Daraus entstehen echtes Selbstwertgefühl und echte Selbstständigkeit, die auf dem »inneren Cheerleader« des Kindes, nicht auf anderen Menschen, beruhen.

Internale oder externale Kontrollüberzeugung

In der Psychologie wird dieser innere Cheerleader oder Antrieb als »Kontrollüberzeugung« bezeichnet. Sie beschreibt, inwieweit ein Mensch das Gefühl hat, die Kontrolle über sein eigenes Leben und die ihn betreffenden Ereignisse zu haben. Menschen mit internaler Kontrollüberzeugung glauben, dass sie die Macht haben, ihr Leben und die Dinge, die ihnen zustoßen, zu steuern. Sie haben einen inneren persönlichen Antrieb, die Kontrolle kommt von innen. Menschen mit externaler Kontrollüberzeugung glauben, dass ihr Leben von äußeren Faktoren, wie der Umgebung oder dem Schicksal, bestimmt wird, auf die sie wenig Einfluss haben. Ihr Antrieb kommt von außen. Wir werden alle durch unsere Umgebung, unsere Kultur und unseren sozialen Status beeinflusst. Wie stark wir glauben, unser Leben trotzdem beeinflussen zu können, macht den Unterschied zwischen innerer und äußerer Kontrollüberzeugung aus.

Studien haben immer wieder gezeigt, dass Kinder, Jugendliche und Erwachsene mit ausgeprägter externaler Kontrollüberzeugung eine erhöhte Neigung zu Ängsten und Depressionen haben. Sie werden ängstlich, weil sie das Gefühl haben, wenig oder keine Kontrolle über ihr Schicksal zu haben, und sie werden depressiv, wenn dieses Gefühl der Hilflosigkeit überhandnimmt.

Es ist auch wissenschaftlich erwiesen, dass es in den letzten 50 Jahren bei jungen Menschen eine deutliche Verschiebung hin zu einer eher externalen Kontrollüberzeugung gegeben hat. Die Psychologin Jean M. Twenge und ihre Kollegen haben die Ergebnisse eines von Nowicki und Strickland entwickelten Tests zur Messung kindlicher Kontrollüberzeugungen über einen Zeitraum von 50 Jahren ausgewertet. Bei diesem Test wird gemessen, ob jemand eine internale oder externale Kontrollüberzeugung hat. Die Wissenschaftler fanden heraus, dass bei Kindern jeden Alters, von der Grundschule bis zum College, eine deutliche Verschiebung von der internalen zur externalen Kontrollüberzeugung stattgefunden hat. Um dies zu verdeutlichen: 1960 war der Anteil der jungen Menschen, die angaben, Kontrolle über ihr Leben zu haben, 80 Prozent größer als 2002.

Noch auffälliger ist, dass dieser Trend bei Grundschulkindern ausgeprägter war als bei Kindern in weiterführenden Schulen oder bei Studenten. Das heißt, Kinder haben schon in jungen Jahren das Gefühl, keine Kontrolle über ihr Leben zu haben. Und dieses Gefühl der Hilflosigkeit überkommt sie immer früher. Diese Zunahme der externalen Kontrollüberzeugung steht in direktem Zusammenhang mit dem Anstieg von Depressionen und Angststörungen in unserer Gesellschaft. Was könnte die Ursache dieser Verschiebung sein?

Viel Raum zum Lernen und Wachsen

Im Zentrum der dänischen Erziehungsphilosophie steht ein von dem russischen Entwicklungspsychologen Lew Wygotski formuliertes Konzept namens »Zone der nächsten Entwicklung«. Dabei geht es im Wesentlichen darum, dass ein Kind genug Raum zum Lernen und Wachsen in den richtigen Bereichen mit dem richtigen Maß an Unterstützung braucht. Stellen wir uns vor, dass wir einem Kind helfen, im Wald über einen umgestürzten Baumstamm zu klettern. Wenn es beim ersten Mal die ganze Hand braucht, geben wir ihm die Hand, aber beim nächsten Mal vielleicht nur noch einen Finger, und wenn der richtige Zeitpunkt gekommen ist, lassen wir es allein über den Baum hinüberklettern. Wir heben das Kind nicht darüber. In Dänemark versuchen Eltern, sich nicht einzumischen, wenn es nicht unbedingt nötig ist. Sie vertrauen darauf, dass ihre Kinder in der Lage sind, neue Dinge auszuprobieren, und geben ihnen Raum, um zu lernen, sich selbst zu vertrauen. Sie geben ihnen ein Gerüst für ihre Entwicklung und helfen ihnen, ihr Selbstwertgefühl aufzubauen, was sehr wichtig für das »ganze Kind« ist.

Wenn Kinder zu sehr unter Druck gesetzt werden, können sie die Freude an dem, was sie tun, verlieren, und das kann zu Ängsten und Unsicherheit führen. Dänische Eltern versuchen, ihre Kinder dort abzuholen, wo sie sich beim Ausprobieren einer neuen Fähigkeit sicher fühlen, und ermuntern sie dann, weiter zu gehen oder etwas Neues auszuprobieren, was sich noch aufregend und fremd anfühlt.

> In Dänemark versuchen Eltern sich nicht einzumischen, wenn es nicht unbedingt nötig ist.

Wenn Kinder diesen Raum bekommen, können sie sowohl Kompetenzen als auch das Vertrauen in ihre internale Kontrollüberzeugung entwickeln, weil sie die Erfahrung machen, dass sie ihre Herausforderungen und ihre Entwicklungsschritte bewältigen können. Bei Kindern, die zu sehr unter Druck gesetzt werden, besteht das Risiko, dass sie eine externale Kontrollüberzeugung entwickeln, weil sie ihre Entwicklung nicht selbst steuern können, sondern äußere Faktoren dies übernehmen. Dadurch wird die Grundlage ihres Selbstwertgefühls erschüttert.

Manchmal glauben wir, Kindern zu helfen, wenn wir sie dazu drängen, Dinge schneller zu erledigen oder früher zu lernen, doch sie im richtigen Augenblick ihrer Entwicklung anzuleiten, führt zu viel besseren Ergebnissen – nicht nur, weil den Kindern dann das Lernen an sich viel mehr Spaß macht, sondern auch, weil sie sich sicherer sind, die betreffenden Fähigkeiten zu besitzen, wenn sie deren Erwerb selbst steuern konnten.

Dieser Meinung ist auch der amerikanische Psychologe David Elkind. Kinder, die beispielsweise dazu gedrängt werden, früher lesen zu lernen, mögen anfangs besser als Gleichaltrige lesen, aber dieser Vorsprung gleicht sich im Lauf der Jahre aus. Und wie hoch ist der Preis, der dafür zu zahlen ist: Viele Kinder, die dazu gedrängt wurden, haben langfristig größere Ängste und ein geringes Selbstwertgefühl.

Auf dem Markt gibt es unzählige Bücher zur Bekämpfung von Ängsten und Stress. Wir wollen Stress, insbesondere bei unseren Kindern, um jeden Preis reduzieren. Viele Eltern schweben über ihren Kindern und greifen ständig ein, um sie zu beschützen. Die meisten von uns sperren Treppen mit einem Gitter ab und schließen alles weg, was für die Kleinen irgendwie gefährlich werden könnte. Wenn wir es nicht tun, haben wir das Gefühl, schlechte Eltern zu sein, und tatsächlich verurteilen wir andere dafür und werden dafür verurteilt, wenn wir nicht genug tun, um unsere Kinder zu beschützen. Heutzutage sind so viele Sicherheitsmaßnahmen und -vorrichtungen erforderlich, dass man sich fragt, wie Kinder vor zwanzig Jahren ohne sie überleben konnten.

Wir wollen unsere Kinder nicht nur vor Stress schützen, sondern auch ihr Selbstbewusstsein aufbauen und ihnen das Gefühl geben, etwas Besonderes zu sein. Die Standardmethode besteht darin, sie – manchmal geradezu exzessiv – für unbedeutende Leistungen zu loben. Aber in diesem Bemühen, ihr Selbstbewusstsein zu stärken und ihren Stress zu verringern, legen wir unbewusst vielleicht erst den Grundstein für langfristigen Stress. Selbstbewusstsein statt Selbstvertrauen aufzubauen ist so, als ob man ein schönes Haus auf einem schlechten Fundament baut. Und wir wissen alle, was passiert, wenn der große, böse Wolf kommt.

Spielen macht stark

Wissenschaftler untersuchen seit Jahren das Spielen bei Tieren und versuchen seinen evolutionären Zweck zu verstehen. Eine ihrer Erkenntnisse lautet, dass Spielen eine wesentliche Voraussetzung dafür ist, den Umgang mit Stress zu erlernen. Bei Studien an Hausratten und Rhesusaffen wurde festgestellt, dass sie als ausgewachsene Tiere stark unter Stress litten, wenn sie in einer wichtigen frühen Entwicklungsphase auf Spielkameraden hatten verzichten müssen. Sie überreagierten in schwierigen Situationen und kamen in der sozialen Interaktion nicht mit ihren Artgenossen aus. Sie reagierten entweder mit übertriebener Angst und rannten zitternd in eine Ecke oder mit übertriebener Aggression und schlugen wütend um sich. Das war sicherlich auf den Mangel an Spiel zurückzuführen, denn wenn die Tiere auch nur eine Stunde am Tag mit Artgenossen spielen durften, entwickelten sie sich normal und kamen als Erwachsene besser zurecht.

Das beim Spielen erlebte Kampf-oder-Flucht-Verhalten aktiviert im Gehirn dieselben neurochemischen Pfade wie Stress. Denken Sie an Hunde, die einander spielerisch jagen. Viele Tiere gehen dieser Art von Spiel nach, bei der sie die Position des

Angreifers oder Unterlegenen einnehmen und eine Art Stress erzeugen. Wir wissen, dass das Gehirn von Tieren später weniger auf Stress reagiert, wenn sie im Babyalter auf spielerische Weise Stress ausgesetzt werden. Das heißt, je mehr sie spielen, desto besser kann ihr Gehirn Stress regulieren, während sie heranwachsen. Ihre Fähigkeit, mit Stress umzugehen, verbessert sich durch das Spielen weiter, sodass sie auch mit zunehmend schwierigeren Situationen zurechtkommen. Resilienz wird nicht durch die Vermeidung von Stress gefördert, sondern dadurch, dass man lernt, ihn in Schach zu halten und zu meistern.

Berauben wir unsere Kinder der Fähigkeit, Stress zu regulieren, indem wir sie nicht genug spielen lassen? Wenn man sich die Häufigkeit von Angststörungen und Depressionen in unserer Gesellschaft ansieht, fragt man sich, ob etwas aus den Fugen geraten ist. Da eine der größten Ängste, unter denen Menschen mit Angststörungen leiden, darin besteht, die Kontrolle über die eigenen Gefühle zu verlieren, drängt sich die Frage auf: Werden aus unseren Kindern ausgeglichenere, selbstbewusstere und glücklichere Erwachsene, wenn wir uns zurückhalten und sie mehr spielen lassen? Wir glauben, ja.

Spielend das Leben bewältigen

Bei einer mit Vorschulkindern an einem Zentrum für kindliche Entwicklung in Massachusetts durchgeführten Pilotstudie wollten die Wissenschaftler messen, ob es eine positive Korrelation zwischen dem Grad der Spielfreude von Vorschülern und ihrer Bewältigungskompetenz gab. Sie stellten fest, dass es diesen direkten positiven Zusammenhang tatsächlich gab: Je mehr die Kinder spielten, das heißt, je besser sie lernten, soziale Kompetenzen zu erwerben und in sozialen Kontexten zu interagieren, desto besser kamen sie mit anderen Menschen zurecht. Daraus leiteten die Wissenschaftler ab, dass sich das Spielen direkt auf ihre Anpassungsfähigkeit in allen Lebenssituationen auswirkte.

Bei einer weiteren, von Louise Hess, Professorin für Beschäftigungstherapie, und ihren Kollegen an einem Gesundheitsinstitut in Palo Alto, Kalifornien, durchgeführten Studie wurde der Zusammenhang zwischen Spielfreude und Bewältigungskompetenzen bei männlichen Jugendlichen untersucht. An der Studie nahmen sowohl normal entwickelte Jungen als auch solche mit emotionalen Problemen teil. Wie bei der Vorschulstudie zeigte sich auch hier bei beiden Gruppen ein deutlicher Zusammenhang zwischen dem Grad der Spielfreude und der Bewältigungskompetenz der Jungen. Die Forscher schlossen daraus, dass Spielen der Verbesserung der Bewältigungskompetenz und insbesondere der Fähigkeit, sich anzupassen und an Probleme und Ziele flexibler heranzugehen, dient.

Das leuchtet ein. Man muss nur Kindern zusehen, wie sie an Stangen hängen, auf Bäume klettern oder irgendwo herunterspringen: Sie testen gefährliche Situationen, und niemand außer ihnen selbst kennt die richtige Dosis an Gefahr und die richtige Art, damit umzugehen. Aber es ist wichtig, dass die Kinder dabei das Gefühl haben, das Stressmaß selbst steuern zu können. Schon das allein gibt ihnen die Sicherheit, ihr Leben unter Kontrolle zu haben. Jungtiere und Primaten verhalten sich genauso. Sie bringen sich absichtlich in gefährliche Situationen, indem sie beispielsweise von Bäumen springen und sich dabei in der Luft drehen, um sich die Landung zu erschweren. Sie lernen auf diese Weise etwas über Angst und den Umgang damit. Genauso ist es bei spielerischen Kämpfen: Die Tiere nehmen dabei mal die Position des Angreifers und mal die des Unterlegenen ein, um in beiden Fällen die emotionale Herausforderung kennen zu lernen.

Für Kinder sind auch soziale Situationen stressig. Beim Spielen mit anderen können sowohl Konflikte als auch Gelegenheiten für Kooperation auftreten. Angst und Zorn sind nur einige der Gefühle, mit denen ein Kind lernen muss umzugehen, wenn es weiter mitspielen will. Beim Spielen gibt es kein übertriebenes Lob, sondern nur authentische Reaktionen. Regeln müssen aufgestellt und immer wieder neu ausgehandelt werden. Die Mitspieler müssen außerdem den emotionalen Zustand der anderen wahrnehmen, um zu vermeiden, dass jemand sich zu sehr aufregt und geht, denn wenn zu viele Mitspieler gehen, ist das Spiel vorbei. Da Kinder auf jeden Fall weiter miteinander spielen wollen, müssen sie lernen, gleichberechtigt mit anderen umzugehen – eine wichtige Voraussetzung für Zufriedenheit im späteren Leben.

Das Spielen hat in Dänemark für die Kindheit eine so zentrale Bedeutung, dass an vielen dänischen Schulen Programme eingerichtet wurden, die das Lernen durch Sport und Spiel fördern. Die »Spielwache« richtet sich beispielsweise an die jüngsten Grundschüler und wird von den älteren unterstützt. Bei diesen von Schülern durchgeführten Programmen werden sowohl jüngere als auch ältere Schüler dazu angeregt, bei bestimmten

Spielen, wie Verstecken, Feuerwehr oder Haustier, mitzumachen, und besonders schüchterne, einsame Kinder werden ermuntert mitzuspielen. Durch diese lustigen, fantasievollen Spiele in gemischten Altersgruppen werden die Kinder dazu ermutigt, sich in einer Weise auszuprobieren, wie sie es mit ihren Eltern oder Lehrern nicht täten. Dadurch kommt es an den Schulen deutlich seltener zu Mobbing, und soziale Kompetenzen und Selbstkontrolle werden bei den Kindern gefördert.

Die Wahrheit über Lego und Spielplätze

Fast jeder kennt Lego und hat schon mal mit den beliebten farbigen Bausteinen gespielt. Legosteine gehören zu den bekanntesten Spielsachen aller Zeiten und wurden von der Zeitschrift *Fortune* zum »Spielzeug des Jahrhunderts« gekürt. Ursprünglich wurden sie aus Holz gefertigt, aber ihr grundlegendes Bausteinprinzip wurde bis heute beibehalten. Wie die Zone der nächsten Entwicklung funktioniert auch Lego in allen Altersgruppen: Wenn ein Kind bereit ist, den nächsten Schritt zu einer anspruchsvolleren Konstruktion zu gehen, gibt es Legos genau dafür. Das ist eine wunderbare Möglichkeit, mit dem eigenen Kind zu spielen und ihm auf sanfte Weise dabei zu helfen, eine neue Stufe in seiner Entwicklung zu bewältigen. Es kann auch allein oder mit Freunden spielen. Unzählige Stunden wurden überall auf der Welt mit dem Legospiel zugebracht.

Was die meisten Leute nicht wissen, ist, dass Lego aus Dänemark stammt. Die Bausteine wurden 1932 von einem dänischen Schreiner in seiner Werkstatt entworfen, und der Name

»Lego« setzt sich aus den dänischen Wörtern *leg* und *godt* – »gut spielen« zusammen. Schon damals war die Idee, die Fantasie für freies Spiel zu nutzen, weit verbreitet.

Ebenfalls zu den weltweit größten Spielgeräteherstellern gehört ein weiteres dänisches Unternehmen namens Kompan. Die Firma gestaltet Spielplätze, die wegen ihrer Einfachheit, Qualität und Funktionalität schon zahlreiche Preise gewonnen haben. Die Zielsetzung des Unternehmens besteht darin, gesundes Spiel zu fördern, das wichtig für das Lernen ist. Der erste Spielplatz von Kompan entstand vor mehr als vierzig Jahren ganz zufällig, als einem jungen dänischen Künstler auffiel, dass seine farbenfrohe Kunstinstallation, die eine triste Wohnsiedlung auflockern sollte, mehr von Kindern zum Spielen genutzt als von Erwachsenen betrachtet wurde.

Heute ist Kompan der weltweit führende Spielplatzausstatter. Es ist bemerkenswert und sehr aufschlussreich, dass ein Land mit nicht einmal sechs Millionen Einwohnern bei Spielzeug für drinnen und draußen weltweit führend ist.

Wenn Sie also das nächste Mal Ihre Kinder von Ästen baumeln, von Felsen springen oder spielerisch mit ihren Freunden kämpfen sehen und den Drang verspüren, einzugreifen, um sie zu retten, denken Sie daran, dass das ihre Art ist, zu lernen, wie viel Stress sie ertragen können. Und wenn Ihre Kinder in einer Gruppe mit »schwierigen« Kindern spielen und Sie sie beschützen möchten, machen Sie sich klar, dass sie in der Interaktion mit verschiedenen Persönlichkeiten Selbstkontrolle und Verhandlungsgeschick erwerben, um das Spiel in Gang zu halten. So testen Ihre Kinder ihre eigenen Fähigkeiten und entwickeln dabei Anpassungsfähigkeit. Je mehr sie spielen, desto resilienter und sozial versierter werden sie. Das ist ein ganz natürlicher Prozess. In der Lage zu sein, gut zu spielen *(leg godt)*, ist ein Baustein zukünftigen Glücks.

Je mehr sie spielen, desto resilienter und sozial versierter werden Kinder.

Spieltipps

1. **Ausschalten**
   Schalten Sie den Fernseher, den Computer und andere elektronische Geräte aus. Fantasie ist ein wichtiger Bestandteil des Spiels, wenn es eine positive Wirkung haben soll.

2. **Eine anregende Umgebung schaffen**
   Studien haben gezeigt, dass eine sensorisch anregende Spielumgebung mit verschiedenen Materialien, die alle Sinne (Sehen, Hören, Tasten und so weiter) anregen, die Gehirnentwicklung fördert.

3. **Kreativität wecken**
   Das Gehirn von Kindern wächst, wenn sie künstlerisch tätig sind. Deshalb sollten Sie ihnen nicht zeigen, wie man malt oder bastelt – legen Sie einfach Farben, Papier und andere Materialien bereit und lassen Sie die Kinder spontan kreativ werden.

4. Die Natur erforschen

Lassen Sie die Kinder so viel wie möglich im Freien spielen – im Wald, im Park, am Strand, wo auch immer. Suchen Sie sichere Orten, wo Sie keine Angst davor haben müssen, die Kinder eigenständig ihre Umgebung erkunden zu lassen. In der Natur können sie ihrer Fantasie und ihrer Neugier freien Lauf lassen und Spaß haben.

5. Kinder unterschiedlichen Alters zusammenbringen

Bringen Sie Ihre Kinder zum Spielen mit älteren oder jüngeren Kindern zusammen. Dadurch wird die Zone der nächsten Entwicklung optimiert, weil jeder den anderen beim Lernen unterstützt und ihm hilft, ganz natürlich die nächste Stufe zu erreichen. So lernen die Kinder, gegenüber den Jüngeren die Hauptrolle zu spielen und mit den Älteren zu kooperieren. Und sie lernen, sowohl nach den Regeln zu spielen als auch die Regeln infrage zu stellen. Auf diese Weise erwerben sie die im Leben so wichtigen Selbstkontroll- und Verhandlungskompetenzen.

6. Den Kindern Freiheit schenken

Kinder brauchen weder von Erwachsenen angeleitete Aktivitäten noch bestimmte Spielzeuge. Je mehr sie ihr eigenes Spiel kontrollieren können, ihre Fantasie einsetzen und alles selbst tun, desto besser werden sie darin. Die Fähigkeiten, die sie dabei erwerben, sind von unschätzbarem Wert. Wir machen uns so viele Gedanken darüber, an wie vielen organisierten Aktivitäten unsere Kinder teilnehmen oder was sie lernen, dass wir die Bedeutung des freien Spiels vergessen. Hören Sie auf, sich schuldig zu fühlen, wenn Sie Ihre Kinder öfter einfach tun lassen, wozu sie Lust haben. Dass Sie sie spielen lassen, bedeutet nicht, dass Sie Ihre Aufgabe als Eltern vernachlässigen – im Gegenteil: Freies Spiel ist das, was Kinder brauchen!

7. **Echt sein**

   Wenn Sie mit Ihren Kindern spielen wollen, müssen Sie hundertprozentig authentisch sein. Haben Sie keine Angst davor, albern auszusehen. Überlassen Sie Ihren Kindern die Führung. Denken Sie nicht darüber nach, was andere von Ihnen halten oder was Sie selbst von sich halten. Begeben Sie sich auf die Ebene der Kinder und versuchen Sie, sich wenigstens 20 Minuten am Tag gehen zu lassen, auch wenn es Ihnen anfangs schwerfällt. Selbst die kürzeste Spielzeit auf Kinderart ist mehr wert als jedes Spielzeug, das Sie kaufen könnten.

8. **Kinder auch allein spielen lassen**

   Allein zu spielen ist für Kinder extrem wichtig. Beim Spielen mit ihren Spielsachen verarbeiten sie neue Erfahrungen, Konflikte und Alltagserlebnisse. Mit Fantasie und unterschiedlichen Stimmen spielen sie nach, was in ihrer Welt passiert, und das hat eine starke therapeutische Wirkung.

9. **Einen Hindernisparcours einrichten**

   Bauen Sie mit Schemeln und Matratzen einen Hindernisparcours auf, oder schaffen Sie mit anderen Mitteln einen

Bereich in Ihrer Wohnung, in dem Kinder sich bewegen und ihre Fantasie ausleben können. Lassen Sie sie frei spielen und klettern und erkunden und erschaffen – und machen Sie keinen Stress wegen der Unordnung.

10. Andere Eltern einbeziehen

Gewinnen Sie andere Eltern für die Idee des »gesunden Spiels«. Je mehr Eltern sie unterstützen, desto mehr Kinder können in nicht von Erwachsenen angeleiteten Aktivitäten frei spielen.

11. Nicht zu schnell eingreifen

Versuchen Sie, andere Kinder nicht zu hart zu beurteilen und nicht zu schnell einzugreifen, weil Sie Ihre eigenen Kinder beschützen wollen. Manchmal ergeben sich aus der Auseinandersetzung mit schwierigen Kindern die besten Lektionen in puncto Selbstkontrolle und Resilienz.

12. Loslassen

Lassen Sie Ihre Kinder Dinge selbstständig tun. Wenn Sie das Bedürfnis verspüren, ihnen zu helfen, treten Sie einen Schritt zurück und atmen Sie tief durch. Denken Sie daran, dass Ihre Kinder gerade einige der wichtigsten Fähigkeiten für das Leben erwerben.

3.

»L« steht für Lernorientierung

»Redet richtig und wahr zu Kindern,
was ihnen, wenn sie es verstehen lernen,
bald nützen und sie vergnügen wird.«

JOHANN BERNHARD BASEDOW

Haben Sie schon mal einen »Wohlfühlfilm« mit Happyend angeschaut und am Ende doch kein gutes Gefühl gehabt? Weil Sie tief in Ihrem Inneren eine Ahnung hatten, dass Ihr eigenes Leben nicht so toll ist? Dass Ihre Arbeit nicht so toll ist? Dass Ihre Beziehung, Ihr Haus, Ihr Auto oder Ihre Kleidung einfach nicht so toll wie die im Film sind? Dass das Ganze sich einfach nicht so realistisch anfühlt? Aber Sie haben dieses Gefühl beiseitegeschoben, weil es ja schließlich nur ein Film war und man deshalb nicht länger darüber nachdenken musste. Die meisten Hollywood-Filme zielen darauf ab, uns ein gutes Gefühl zu geben, aber man fragt sich als Zuschauer dabei immer, wie realistisch diese zuckersüßen Enden eigentlich sind.

Im Gegensatz dazu haben dänische Filme oft einen unspektakulären, traurigen oder tragischen Ausgang. Die Happyends, an die wir uns so gewöhnt haben, findet man hier viel seltener. Jessica hat viele dänische Filme angeschaut und auf die beruhigende Hintergrundmusik gewartet, die signalisieren würde, dass das Leiden bald ein Ende haben und sich alles zum Guten wenden würde. Der Junge würde das Mädchen bekommen, der Held würde alle retten, und die Welt wäre wieder in Ordnung. Als Amerikanerin hatte sie beinahe das Gefühl, einen Anspruch auf ein glückliches Ende zu haben. Aber diese dänischen Filme berührten oft sensible, reale und schmerzhafte Themen, die sich nicht so einfach auflösen ließen. Ganz im Gegenteil: Jessica und die anderen Zuschauer wurden mit ihren aufgewühlten Gefühlen allein gelassen. Wie konnten Dänen so glücklich sein, wenn sie solche Filme in den Kinos sahen?

Die Forschungsarbeit der Kommunikationsprofessorin Silvia Knobloch-Westerwick und ihrer Kollegen an der Ohio State University hat gezeigt, dass das Anschauen tragischer oder trauriger Filme Menschen glücklicher macht, weil es die Aufmerksamkeit auf die positiven Aspekte des eigenen Lebens lenkt. Es lässt Menschen dankbar an die eigenen Beziehungen denken und gibt ihnen das Gefühl, beschenkt und mit der eigenen Menschlichkeit in Berührung gebracht worden zu sein.

»Und wenn sie nicht gestorben sind, dann leben sie noch heute«

Hans Christian Andersen ist vielleicht einer der berühmtesten dänischen Schriftsteller aller Zeiten. Er ist der Autor zahlreicher Märchen, wie »Die kleine Meerjungfrau«, »Das hässliche Entlein« und »Des Kaisers neue Kleider«, um nur einige zu nennen. Diese Märchen werden auf der ganzen Welt erzählt. Aber den meisten Menschen ist nicht bewusst, dass viele von Andersens Märchen in der Originalversion gar kein märchenhaftes Ende haben. Es sind Tragödien. Beispielsweise bekommt die kleine Meerjungfrau nicht den Prinzen, sondern wird vor Trauer zu Gischt. Der Ausgang vieler dieser Märchen wurde umgeschrieben, um unserem kulturellen Ideal zu entsprechen.

In der englischen Übersetzung der Märchen von Andersen haben Erwachsene sehr darauf geachtet, was Kindern erspart bleiben sollte. In Dänemark und in älteren Versionen ist es dagegen mehr dem jungen Leser überlassen, seine eigenen Schlussfolgerungen zu ziehen und Urteile zu fällen. Die Dänen sind der Meinung, dass man mit Kindern auch über Tragödien und beunruhigende Ereignisse sprechen sollte. Da uns leidvolle Erfahrungen mehr über andere Menschen lehren als Erfolge, ist es wichtig, sich mit allen Aspekten des Lebens zu befassen. Das ist authentischer und erzeugt Empathie und einen tieferen Respekt gegenüber unseren Mitmenschen. Außerdem hilft es uns, Dankbarkeit für die einfachen Dinge in unserem Leben zu empfinden, die wir manchmal als selbstverständlich erachten, wenn wir uns zu sehr auf das märchenhafte Leben konzentrieren.

Für die Dänen beginnt Authentizität mit dem Verständnis der eigenen Emotionen. Wenn wir unsere Kinder lehren, ihre wahren Gefühle, ob positiv oder negativ, zu akzeptieren und im Einklang mit ihren Werten zu handeln, werden sie von den Herausforderungen und den schwierigen Phasen in ihrem Leben nicht zu Fall gebracht. Sie wissen dann, dass sie sich in ihrem Handeln von dem leiten lassen müssen, was sich richtig anfühlt. Sie erkennen ihre eigenen Grenzen und respektieren sie. Dieser innere Kompass, ein echtes, werteorientiertes Selbstwertgefühl, wird zur stärksten Kraft im Leben Ihrer Kinder, die äußerem Druck standhält.

Authentizität in der Erziehung

Durch die Authentizität der Erwachsenen lernen Kinder, mutig sich selbst und anderen treu zu bleiben. Ein Vorbild in Bezug auf emotionale Gesundheit zu sein ist wirkungsvolle Erziehung. Kinder brauchen von ihren Eltern emotionale Ehrlichkeit, nicht Perfektion. Kinder beobachten, wie wir Zorn, Freude, Frustration, Zufriedenheit und Erfolg erleben und wie wir diese Gefühle gegenüber der Außenwelt ausdrücken. Wir müssen unseren Kindern ein Beispiel in puncto Authentizität geben und ihnen zeigen, dass es in Ordnung ist, alle Arten von Emotionen zu haben. Vielen Eltern fällt es leicht, mit den positiven Gefühlen ihrer Kinder umzugehen; aber wenn es um Gefühle wie Zorn, Aggression und Angst geht, tun sie sich schwer. Deshalb lernen Kinder weniger über diese Gefühle, was ihre Fähigkeit, sie im späteren Leben zu regulieren, beeinträchtigen kann. Alle Gefühle, auch die schwierigen, schon in der Kindheit bewusst zu erleben und zu akzeptieren, erleichtert es den Kindern, in der Welt zurechtzukommen.

Wenn man eine schwierige Zeit durchmacht, ist es nicht immer das Beste, zu lächeln und zu sagen, dass alles in Ordnung ist. Selbsttäuschung ist die schlimmste Form der Täuschung und eine gefährliche Botschaft an unsere Kinder. Sie lernen dadurch nämlich, dasselbe zu tun. Selbsttäuschung führt uns in die Irre, weil sie uns dazu bringt, unsere wahren Gefühle zu ignorieren und möglicherweise von außen statt durch unsere eigenen Wünsche beeinflusste Entscheidungen zu treffen. Das bringt uns auf einen Weg, den wir im Leben eigentlich gar nicht einschlagen wollten. So werden wir unglücklich und kommen irgendwann an den Punkt, an dem wir unser Leben anschauen und uns fragen: »Moment mal, ist es wirklich das, was ich wollte? Oder ist es das, von dem ich dachte, dass ich es wollen sollte?«

Im Gegensatz dazu bedeutet Authentizität, in sich hineinzuhorchen, um nach dem richtigen Weg für sich selbst und seine Familie zu suchen und keine Angst davor zu haben, ihn zu gehen. Es bedeutet, sich selbst zu erlauben, die eigenen Gefühle wahrzunehmen und entsprechend zu handeln, statt sie zu unterdrücken oder zu betäuben. Das erfordert Mut und Stärke, aber man hat einen großen Gewinn davon. Zu lernen, wie man nach eigenen inneren Zielvorgaben handelt, beispielsweise indem man Beziehungen pflegt oder geliebten Hobbys nachgeht, statt nach externen Zielen zu streben, etwa indem man ein neues Auto kauft, ist eine Voraussetzung für persönliches Glück.

Das größere Haus oder mehr Besitz anzustreben oder seine Kinder bei den richtigen Aktivitäten anzumelden kann eine auf Selbstbetrug basierende Fallgrube sein. Seinen Kindern seine eigenen oder fremde Träume aufzuzwingen, statt ihre Wünsche wahrzunehmen und ihr persönliches Wachstums- und Entwicklungstempo zu respektieren, ist eine weitere Fallgrube. Wenn Kinder zu sehr unter Druck gesetzt oder übermäßig gelobt werden, lernen sie, Dinge nur um der äußeren Anerkennung statt um der inneren Befriedigung willen zu tun, woraus eine folgenschwere Standardeinstellung für das Leben werden kann. Auf diese Weise fördern Eltern (unbewusst) bei ihren Kindern die Konzentration auf externe Ziele – man braucht

Dinge, die von außen kommen, um glücklich zu sein. Eine solche Haltung kann nach den Maßstäben mancher Menschen zum Erfolg führen, aber sie wird ihnen nicht dieses tiefe Gefühl der inneren Zufriedenheit und des Glücks bringen, nach dem wir alle streben. Wie wir schon gesehen haben, kann diese Haltung sogar Ängste und Depressionen hervorrufen.

Die dänische Art zu loben

Bescheidenheit ist in Dänemark ein wichtiger Wert. Das reicht weit in die Geschichte zurück und ist Teil des kulturellen Erbes der Dänen. Bei diesem Wert geht es darum, sich selbst so gut zu kennen, dass man keine Anerkennung von anderen Menschen braucht, um sich wertvoll zu fühlen. Deshalb überhäufen dänische Eltern ihre Kinder nicht mit Lob und Komplimenten.

Iben sagt ihren Töchtern oft, dass sie durch harte Arbeit alles erreichen können. Sie wissen, dass sie sich weiterentwickeln müssen, und Iben unterstützt das. Aber sie versucht, sie nicht zu überschwänglich zu loben, weil sie glaubt, dass Kinder mit zu vielen Komplimenten nichts anfangen können, weil sie leer und hohl klingen können.

Wenn beispielsweise ein dänisches Kind eine Zeichnung schnell hinkritzelt und seiner Mutter gibt, wird sie nicht sagen: »Wow! Toll gemacht! Du bist ja ein richtiger Künstler!«, sondern dem Kind Fragen zu der Zeichnung stellen. »Was ist das? Woran hast du gedacht, als du das gezeichnet hast? Warum hast du diese Farben verwendet?« Oder vielleicht wird sie sich auch einfach nur bedanken, wenn es ein Geschenk war.

Es entspricht eher der dänischen Art, sich auf die Aufgabe zu konzentrieren, statt das Kind mit Lob zu überhäufen. Das fördert die Konzentration auf die getane Arbeit, lehrt aber auch Bescheidenheit. Indem die Eltern das Vertrauen der Kinder in die eigene Fähigkeit, Neues zu lernen, stärken, legen sie eine solide Grundlage für die kindliche Entwicklung. Das fördert innere Stärke und Resilienz.

Und dieses Konzept wird auch durch neue und sehr interessante Forschungsarbeiten untermauert. Die Art, wie wir unsere Kinder loben, hat weitreichende Auswirkungen auf ihre Resilienz!

Fixierte oder lernorientierte Haltung

Viele Eltern sind davon überzeugt, dass es das Selbstvertrauen und die Lernmotivation fördert, wenn sie ihre Kinder für ihre Intelligenz loben. Aber die Psychologin Carol S. Dweck von der Universität Stanford hat in 30-jähriger Forschungsarbeit das Gegenteil bewiesen.

Lob hat viel damit zu tun, wie Kinder ihre eigene Intelligenz beurteilen. Wenn sie ständig dafür gelobt werden, dass sie von Natur aus intelligent oder begabt sind (Kommt Ihnen das bekannt vor?), entwickeln sie eine »fixierte« Haltung – das heißt, ihre Intelligenz wird für sie eine feste Größe, die sie besitzen.

Im Gegensatz dazu entwickeln Kinder, denen gesagt wird, dass ihre Intelligenz durch Arbeit und Bildung wachsen kann, eine »lernorientierte« Haltung (sie können ihre Fähigkeiten erweitern, weil sie sich anstrengen).

Dwecks Forschungsergebnisse zeigen, dass Kindern mit fixierter Haltung, denen ständig gesagt wurde, dass sie intelligent sind, in erster Linie wichtig ist, wie sie beurteilt werden: als intelligent oder nicht intelligent. Sie bekommen Angst davor, sich zu sehr anstrengen zu müssen, weil ihnen Anstrengung das Gefühl gibt, dumm zu sein. Sie glauben, dass keine Anstrengung nötig sein sollte, wenn man entsprechende intellektuelle Fähigkeiten besitzt. Und da ihnen ja immer gesagt wurde, dass sie sie besitzen, befürchten diese Kinder, dass sie den Status »intelligent« verlieren, wenn sie an irgendetwas wirklich hart arbeiten müssen.

Im Gegensatz dazu ist Kindern mit lernorientierter Haltung das Lernen wichtig. Wenn sie ermutigt worden sind, sich auf ihre Bemühungen statt auf ihre Intelligenz zu konzentrieren, sehen sie Anstrengung als etwas Positives. Sie regt ihre Intelligenz an und lässt sie wachsen. Solche Schüler verstärken nach Niederlagen ihre Anstrengungen, statt aufzugeben. Und das ist der Inbegriff von Resilienz.

Der Schlüssel zu lebenslangem Lernen und Erfolg

Immer mehr psychologische und neurowissenschaftliche Forschungsarbeiten belegen, dass eine lernorientierte Haltung der wahre Katalysator für herausragende Leistungen ist. Hirnstudien zeigen, dass unser Gehirn viel mehr Plastizität besitzt, als wir uns je hätten träumen lassen. Die Grundfacetten unserer Intelligenz können selbst im Alter noch durch Lernen verbessert werden. Und Ausdauer und Engagement bei der Konfrontation mit Hindernissen sind die Hauptvoraussetzungen für den Gesamterfolg auf vielen Gebieten.

Das ist wirklich erhellend. Wie viele kluge und begabte Menschen haben wohl nie ihr volles Potenzial entfaltet, weil sie eine fixierte Geisteshaltung hatten und ihre Bemühungen zu schnell aufgegeben haben, wenn sich der Erfolg nicht schnell einstellte?

Bei einigen interessanten Studien, die von Dweck und ihren Kollegen mit Fünftklässlern durchgeführt wurden, ging es um die Frage, wie sich Lob auf die Leistung der Schüler auswirkt. Gruppen von Schülern erhielten bestimmte Aufgaben und anschließend unterschiedliche Arten von Lob für ihre Arbeit. Manchen Schülern wurden Dinge gesagt wie: »Du musst intelligent sein, wenn du diese Aufgaben lösen konntest« (wodurch eine fixierte Haltung gefördert wird). Anderen wurde gesagt: »Du musst hart gearbeitet haben, um diese Aufgabe zu lösen« (wodurch eine lernorientierte Haltung gefördert wird). Anschließend wurden die Schüler gebeten, bestimmten Aussagen (zum Beispiel: »Intelligenz ist etwas Grundlegendes, das man nicht wirklich verändern kann«) zuzustimmen oder sie abzulehnen. Die Schüler, die für ihre Intelligenz gelobt worden waren, stimmten diesen Aussagen viel eher zu als diejenigen, die für ihre Arbeit gelobt worden waren.

In einer Folgestudie wurden die Schüler gebeten, Intelligenz zu definieren. Diejenigen, die wegen ihrer Intelligenz gelobt worden waren, gaben an, dass sie sie für eine angeborene, feste Eigenschaft hielten, während diejenigen, die für ihre Arbeit gelobt worden waren, der Meinung waren, dass Intelligenz etwas sei, das durch Arbeit weiterentwickelt werden könne.

Im Anschluss wurden die Schüler vor die Wahl gestellt, ein einfaches oder ein schwieriges Problem zu bearbeiten. Die Schüler, die wegen ihrer Intelligenz gelobt worden waren, entschieden sich für das einfache Problem, vermutlich, um eine perfekte Leistung zu bringen. Diejenigen, die zuvor für ihre Arbeit gelobt worden waren, wählten hingegen die schwierige Aufgabenstellung, die ihnen die Gelegenheit gab, etwas zu lernen. Als Nächstes erhielten alle Schüler ein komplexes Problem zur Bearbeitung. Dabei zeigte sich: Die Kinder mit der fixierten Haltung verloren das Selbstvertrauen und den Spaß, sobald sie bei der Problemlösung auf Schwierigkeiten stießen. Für sie bedeutete Erfolg angeborene Intelligenz, sodass Anstrengung bedeutete, dass sie nicht intelligent genug waren. Dagegen verloren die Kinder mit lernorientierter Haltung nicht ihr Selbstvertrauen und arbeiteten voller Eifer an der Lösung des Problems.

Als es daraufhin wieder eine leichtere Aufgabe zu lösen galt, hatten die Schüler, die für ihre Intelligenz gelobt worden waren, schon wegen des schwierigen Problems Selbstvertrauen und Motivation verloren und erzielten deshalb auch bei der leichteren Aufgabe ein schlechtes Ergebnis. Als Gruppe lieferten sie nun bei derselben Art von Aufgabe, wie sie sie am Anfang der Studie bekommen hatten, ein schlechteres Ergebnis, während die Gruppe, die für ihre Arbeit gelobt worden war, sich ständig verbesserte und insgesamt eine hervorragende Leistung erbrachte.

Am interessantesten war aber vielleicht folgende Beobachtung: Als die Schüler am Ende anonym aufgefordert wurden, ihre Bewertungen anzugeben, gaben diejenigen mit fixierter

Haltung in mehr als 40 Prozent der Fälle zu gute Ergebnisse an. Ihr Selbstbild war so von ihrer Bewertung abhängig, dass es ihnen schwerfiel, schlechte Ergebnisse zuzugeben, während die Kinder mit lernorientierter Haltung nur in etwas mehr als 10 Prozent der Fälle ihre Bewertungen nach oben korrigierten. Studien zum Schummeln an Schulen bestätigen, dass Schüler heute viel eher bereit sind, zu täuschen, um bessere Noten zu bekommen, als dies in früheren Generationen der Fall war. Dies deutet auf einen erhöhten Leistungsdruck hin, in vielen Fällen mit einer fixierten Geisteshaltung gepaart.

Wir glauben, dass es das Selbstvertrauen von Kindern stärkt, wenn wir ihnen sagen, wie intelligent sie sind. Tatsächlich führt es aber dazu, dass sie ihr Selbstvertrauen schneller verlieren, wenn sie mit Schwierigkeiten konfrontiert werden. Schüler wegen ihrer Intelligenz zu loben, gibt ihnen nicht die für den Erfolg so wichtige Motivation oder Resilienz, sondern kann zu einer fixierten Geisteshaltung führen, die sie verletzlich macht. Im Gegensatz dazu fördert arbeits- oder prozessbezogenes Lob (Lob für Engagement, Ausdauer, Strategien, Verbesserungen und so weiter) Motivation und Resilienz. Dieses Lob weist Kinder auf das hin, was sie getan haben, um erfolgreich zu sein, und was sie tun müssen, um auch zukünftig erfolgreich zu sein.

Interessanterweise wurde kürzlich in einem Artikel in der *New York Times* darüber berichtet, dass Unternehmen heute nach Mitarbeitern mit lernorientierter statt fixierter Haltung suchen. Da Menschen mit lernorientierter Haltung sich besser darauf verstehen, Teamarbeit zu fördern und Herausforderungen zu bewältigen, ohne in Stress zu geraten, sind sie für die meisten Unternehmen viel attraktiver. Mitarbeiter mit einer fixierten Haltung sind egozentrischer und legen mehr Wert darauf, der größte Star im Unternehmen zu sein. Doch es sind in der Regel diejenigen, die ausdauernd und resilient an eine Aufgabe herangehen und Kollegen dankbar einbeziehen, die letztlich die begehrte Stelle bekommen – und es sogar zum Firmenchef bringen.

Beispiele für prozessbezogenes Lob:

»Ich finde es toll, wie du immer wieder versucht hast, die Puzzleteile zusammenzufügen. Du hast nicht aufgegeben und am Ende eine Möglichkeit gefunden!«

»Du hast diesen Tanz so oft geübt, und heute hat man das wirklich gesehen! Du hast richtig gut getanzt!«

»Ich bin wirklich stolz auf dich, weil du dein Frühstück mit deinem Bruder geteilt hast. Es freut mich, zu sehen, wie du mit anderen teilst.«

»Das war eine lange, schwierige Aufgabe, aber du bist dabeigeblieben und hast sie erledigt. Ich bin so stolz auf dich, weil du dich konzentriert hast und bei der Sache geblieben bist. Gut gemacht!«

Tipps für Authentizität und Lernorientierung

1. **Selbsttäuschung vermeiden**
   Seien Sie zuallererst ehrlich mit sich selbst. Lernen Sie, Ihr eigenes Leben ehrlich zu betrachten. Wenn Sie Ihre eige-

nen Gefühle erkennen und beschreiben können, ist das ein Riesenerfolg. Die eigenen Kinder emotionale Ehrlichkeit lehren zu können und sie so vor Selbsttäuschung zu bewahren ist ein großes Geschenk. Denn auf die eigenen Gedanken und Gefühle zu hören und sie auszudrücken weist uns den Weg zu einem glücklichen Leben. Durch Ehrlichkeit mit uns selbst kalibrieren wir unseren inneren Kompass, um die richtige Richtung einzuschlagen.

2. **Ehrlich antworten**
   Wenn Ihre Kinder Ihnen eine Frage stellen, geben Sie ihnen eine ehrliche Antwort. Natürlich muss Ihre Antwort dabei altersgerecht und für die Kinder verständlich sein. Aufrichtige Antworten sind für alle Aspekte des Lebens, auch und gerade für die schwierigen, wichtig. Durch mangelnde Authentizität untergraben Sie die Fähigkeit Ihres Kindes, zu spüren, was wahr und was falsch ist. Kinder sind unglaubliche Lügendetektoren und fühlen sich orientierungslos, wenn Sie unaufrichtig zu Ihnen sind.

3. **Beispiele aus der eigenen Kindheit verwenden**
   Ob in der Arztpraxis, bei Problemen in der Schule oder auch, wenn sie gerade Spaß haben – Kinder wollen etwas über Ihre Erfahrungen hören und darüber, wie es Ihnen ging, als Sie ein Kind waren, vor allem, wenn Sie Ihre Erinnerungen lebendig und mit Emotionen schildern. Dadurch verstehen Ihre Kinder besser, wer Sie sind, und lernen, dass ihre Situation völlig normal ist, auch wenn sie ängstlich, glücklich oder traurig sind.

4. Ehrlichkeit lehren

Sprechen Sie mit Ihren Kindern darüber, wie wichtig Ehrlichkeit in Ihrer Familie ist. Stellen Sie sie als zentralen Wert dar. Machen Sie Ihren Kindern klar, dass Sie mehr Wert auf Ehrlichkeit als auf Strafe für schlechtes Verhalten legen. Wenn Sie Ihre Kinder anklagend mit Zorn oder Drohungen konfrontieren, wenn sie sich falsch verhalten, bekommen sie vielleicht Angst davor, Ihnen die Wahrheit zu sagen. Wenn Sie aber dafür sorgen, dass die Kinder sich dabei sicher fühlen, werden sie ehrlich sein. Denken Sie daran, dass es in jedem Alter schwierig ist, etwas zu gestehen oder die Wahrheit zu sagen. Es kommt einem nicht immer spontan über die Lippen. Es liegt an uns, unseren Kindern beizubringen und vorzuleben, den Mut zu haben, ehrlich und verletzlich zu sein, wenn es darauf ankommt. Diese Art von ehrlicher Beziehung ist vor allem auch in den Teenagerjahren sehr wichtig.

5. Geschichten voller Gefühle vorlesen

Lesen Sie Ihrem Kind alle Arten von Geschichten vor. Machen Sie sich keine Sorgen, wenn sie nicht alle gut enden. Wählen Sie bewusst auch Geschichten mit schwierigen Themen und Geschichten, die nicht wie im Märchen ausgehen. Kinder lernen viel aus Traurigkeit und Tragik (wenn die Geschichte ihrem Alter angemessen ist), und solche Themen eröffnen einen ehrlichen Dialog zwischen Ihnen und Ihren Kindern über verschiedene Aspekte des Lebens, die genauso wichtig sind wie der Prinz, der die Prinzessin bekommt. Als Zuhörer den Höhen und Tiefen des Lebens ausgesetzt zu sein, fördert Empathie, Resilienz und die Gefühle der Sinnhaftigkeit und Dankbarkeit für das eigene Leben.

6. **Prozessbezogenes Lob einsetzen**
   Denken Sie daran, dass das sinnvollste und nützlichste Lob auf Qualität, nicht Quantität, basiert. Das Lob sollte sich dabei auf den Prozess oder die Arbeit statt auf angeborene Fähigkeiten richten: »Du hast für diese Klassenarbeit hart gearbeitet, und das zeigt sich an der guten Note. Du bist den Stoff viele Male durchgegangen, hast Karteikarten geschrieben und dich selber abgefragt. Das hat wirklich funktioniert!«
   Versuchen Sie, weitere Beispiele für prozessbezogenes Lob zu formulieren. Übung macht den Meister. Je öfter Sie prozessbezogenes Lob anwenden, desto besser werden Sie darin. Vermeiden Sie Aussagen wie »Du bist so klug!«. Durch die Konzentration auf die Arbeit helfen Sie Ihren Kindern, zu verstehen, dass es in erster Linie auf die Beharrlichkeit und nicht auf von Natur aus vorhandene Fähigkeiten ankommt. Auf lange Sicht wird das ihr Selbstvertrauen stärken.

7. **Nutzen Sie Lob nicht als Standardreaktion**
   Loben Sie Ihr Kind nicht für einfache oder selbstverständliche Dinge. Daraus lernt Ihr Kind nämlich, dass es nur dann Lob verdient hat, wenn es eine Aufgabe schnell, leicht und perfekt erledigt, und das hilft ihm nicht, Herausforderungen zu bewältigen. Wenn ein Kind beispielsweise ohne gro-

ße Anstrengung eine Eins in der Schule bekommt, sagen Sie Folgendes: »Das war ja viel zu einfach für dich! Warum versuchen wir nicht etwas Schwierigeres, bei dem du etwas dazulernen kannst?«

8. **Sich auf die Anstrengung konzentrieren**
   Gehen Sie vorsichtig mit Lob bei Niederlagen oder Fehlern um. Aussagen wie »Trotzdem gut gemacht!«, »Du hast dein Bestes gegeben!« oder »Beim nächsten Mal hast du mehr Glück!« können vom Kind als Mitleid aufgefasst werden. Konzentrieren Sie sich darauf, was dem Kind gelungen ist und wie es daran weiterarbeiten kann: »Ich weiß, dass du das Tor verfehlt hast, aber es war sehr nahe dran! Lass uns nächste Woche üben, damit du beim nächsten Mal triffst! Denk dran, Übung ist alles!« Durch die Konzentration auf die mit dem Lernen verbundene Anstrengung fördern wir eine lernorientierte Geisteshaltung, die in allen Lebensbereichen, von der Arbeit bis hin zu persönlichen Beziehungen, nützlich ist.

9. **Die Kinder lehren, sich nicht mit anderen zu vergleichen**
   Ihre Kinder müssen selbst erkennen, ob sie bei einem Projekt ihr Bestes gegeben haben oder das Gefühl haben, mehr tun zu können. Nicht jeder kann auf allen Gebieten der Beste sein, aber er kann sein Bestes geben. Dieser Fokus fördert (im Gegensatz zum Wettstreit mit anderen) das Wohlbefinden.

10. Die eigene Perspektive betonen

Wenn Sie Ihre subjektive Meinung oder Ihre persönliche Einschätzung äußern, fügen Sie am Anfang eines Satzes »für mich« hinzu, um zu betonen, dass Ihnen klar ist, dass Ihre Wahrnehmung einer bestimmten Situation nicht notwendigerweise mit der Ihres Kindes übereinstimmt. Wenn Sie sich beispielsweise mit Ihrem Kind darüber streiten, ob das Essen zu heiß ist, ist es wichtig, daran zu denken, dass es für das Kind durchaus zu heiß sein kann, auch wenn Sie selbst es nicht als zu heiß empfinden. Wenn Sie sagen: »Mir ist das Essen nicht zu heiß«, zeigen Sie dem Kind, dass Sie das verstehen und seinen Standpunkt ernst nehmen. Oder statt »Es ist draußen nicht kalt« könnten Sie sagen: »Mir ist nicht kalt.« Durch die Anerkennung der persönlichen Erfahrung Ihres Kindes bauen Sie Vertrauen und Respekt auf und fördern die Fähigkeit des Kindes, seiner eigenen Wahrnehmung zu vertrauen.

4.

»U« steht für Umdeuten

»Es schneit noch immer«, sagte I-Ah düster.
»So ist es.«
»Und friert.«
»Wirklich?«
»Ja«, sagte I-Ah.
»Jedoch«, sagte er und sein Gesicht hellte sich etwas auf,
»hatten wir in letzter Zeit kein Erdbeben.«

A. A. MILNE, *PU DER BÄR* (Übersetzung: Harry Rowohlt)

Als mit einem Dänen verheiratete Amerikanerin erinnert sich Jessica noch gut daran, wie ihr zum ersten Mal auffiel, dass ihr Mann mit den Kindern anders umging als sie. Wenn es eine irgendwie negative oder problematische Situation gab, neigte Jessica dazu, ein bisschen zu schnell zu reagieren. Sie warf dann oft verärgert die Arme hoch und rief aus: »Sie macht es einfach nicht! Sie hört nie zu!« Ihr Ehemann war geduldiger und ruhiger und hatte jederzeit einen magischen Satz parat, der sogar Jessica überraschen konnte. Es war wie ein Fenster, das sich in einem dunklen Raum öffnete und Licht auf eine Situation warf, in der sie zuvor keine Lösung gesehen hatte. Er konnte unangenehme Dinge in einem freundlicheren Licht erscheinen lassen. Er konnte eine scheinbar schwarz-weiße Situation ein wenig grauer darstellen. Schmerz wurde so weniger schmerzhaft, und Zorn wurde abgemildert. Jessica stellte fest, dass die Verwandten und Freunde ihres Mannes mit ihren Kindern dasselbe taten. Wo war das Buch mit den magischen Sätzen, das diese Dänen verwendeten?

Als Jessica eines Morgens zuhörte, wie ihr Mann sanft die Ausdrucksweise ihrer Tochter im Zusammenhang mit ihrer Spinnenangst veränderte, wurde ihr bewusst, wie stark er damit das zukünftige Leben ihrer Tochter beeinflusste. Während sie zusah, wie ihre Tochter zusammen mit ihm aufmerksam die Spinne beobachtete, statt vor Angst aufzuschreien und »Igitt!«

zu sagen, erkannte sie, dass die »dänische Art«, mit Sprache umzugehen, den entscheidenden Unterschied macht. Denn es ging nicht nur um Sprache, sondern darum, mithilfe der Sprache die eigene Wahrnehmung zu verändern.

Die alte Brille abnehmen

Wie wir das Leben sehen und unsere alltäglichen Erfahrungen filtern, wirkt sich auf unser Gesamtbefinden aus. Vielen von uns ist nicht klar, dass die Art, wie wir Dinge betrachten, eine unbewusste Entscheidung ist. Wir glauben, dass unsere Wahrnehmung die Wahrheit ist. Aber es ist nur unsere Wahrheit. Wir verstehen unsere Art der Wahrnehmung nicht als eine erlernte (oft von unseren Eltern und unserer Umwelt übernommene) Sichtweise. Unserer Meinung nach sind die Dinge genau so, wie wir sie sehen. Diese feste Sicht der Dinge ist unser Bezugsrahmen, durch den wir die Welt betrachten und deuten.

Aber was wäre, wenn wir die Wahrheit auf eine ganz neue Art sehen könnten? Wenn wir die Wahrheit, wie wir sie sehen, in einen neuen mentalen Rahmen – einen breiteren, offeneren Rahmen – einsetzen und wieder an die Wand hängen könnten? Wenn wir dann das Bild, das wir »die Wahrheit« nennen, noch einmal anschauen würden, wie würden wir es dann sehen?

> Was wäre, wenn wir die Wahrheit auf eine ganz neue Art sehen könnten?

Stellen Sie sich vor, Sie stehen in einer Kunstgalerie. An der Wand vor Ihnen hängt ein Bild, und ein Museumsführer weist Sie auf seine subtilen Details hin. Sie fangen an, Dinge wahrzunehmen, die Sie davor nicht gesehen haben. Diese neuen Details waren zuvor auch schon da, aber Sie haben sie übersehen, weil Sie sich zu sehr auf das konzentriert haben, was Ihrer Meinung nach das offensichtliche Thema des Bildes ist. Sie haben es für ein negatives Bild gehalten. Der Mann darauf war in Ihren Augen böse, die Frau hilflos und die Stimmung düster. Sie waren schon im Begriff, weiterzugehen, aber mithilfe des Führers erkennen Sie jetzt, dass es in dem Bild eine völlig andere Geschichte gibt. Jetzt sehen Sie, dass in dem Fenster hinter dem Paar fröhliche Menschen zu erkennen sind, die mit Geschenken eintreffen. Der Mann wird von einem Hund gebissen, weshalb er böse dreinblickt, und die Frau ist hilfsbereit, nicht hilflos. Im Hintergrund befindet sich ein lachendes Kind, das Sie zuvor nicht gesehen haben, und das durch das Fenster hereinströmende Licht ist außergewöhnlich. Es ist erhebend, diese mentale Verschiebung und Neuentdeckung zu erleben. Ihre Erinnerung an dieses Bild – und damit auch die Art, wie Sie anderen Menschen von Ihren Beobachtungen berichten werden – wird nun eine völlig andere sein. Mit etwas Übung können Sie auch im täglichen Leben andere Perspektiven und andere Geschichten entdecken. Und der Führer, der Sie auf diese anderen Geschichten hinweist, können in Zukunft Sie selbst sein.

Realistischer Optimismus

Glauben Sie, dass sich das Umdeuten einer stressigen Situation (eines familiären Problems, eines Konfliktes zwischen Kollegen oder ein ungehorsames Kind) wie bei dem Bild auf Ihr gesamtes Befinden auswirken könnte? Die Antwort ist ein klares Ja! Und die Dänen praktizieren das schon seit Jahrhunderten. Sie lehren ihre Kinder diese wertvolle Fähigkeit, und dass diese das Umdeuten schon früh lernen, hilft ihnen, es als Erwachsene besser zu beherrschen. Und ein Meister im Umdeuten zu sein ist eine wichtige Voraussetzung für Resilienz und Zufriedenheit.

Fragen Sie einen Dänen, was er vom Wetter hält, wenn es draußen kalt, grau und regnerisch ist, und er wird ganz ernsthaft antworten:

- »Wie angenehm, dass ich hier drinnen im Büro sitze!«
- »Gut, dass ich jetzt keinen Urlaub habe!«
- »Ich freue mich schon darauf, es mir heute Abend daheim mit meiner Familie gemütlich zu machen.«
- »Es gibt kein schlechtes Wetter, nur schlechte Kleidung.«

Wenn Sie versuchen, eine Dänin dazu zu bringen, sich bei einem beliebigen Thema auf einen wirklich negativen Aspekt zu konzentrieren, werden Sie staunen, wie gut es ihr gelingt, das Gespräch immer wieder in eine positive Richtung zu lenken.

»Schade, dass es schon das letzte Ferienwochenende ist«, sagen Sie vielleicht.

»Ja, aber es ist das erste Wochenende vom Rest unseres Lebens«, wird die Dänin darauf entgegnen.

Und damit wollen wir nicht sagen, dass Dänen eine übertrieben positive Sichtweise haben und sich ihr Leben schönreden. Sie schweben nicht auf einer Wolke des Optimismus, die oft mit besonders glücklichen Menschen in Verbindung gebracht wird – mit den »Ach, alles ist so schön!«-Typen, den Menschen, die aussehen, als ob ihr Lächeln aufgeklebt sei und sie die ganze Zeit vom Leben berauscht seien. Nein, Dänen tun nicht so, als ob es nichts Negatives im Leben gebe. Sie weisen einfach ganz sachlich darauf hin, dass es noch eine andere Seite gibt, die einem vielleicht noch nie in den Sinn gekommen ist. Sie entscheiden sich dafür, sich auf das Gute im Menschen statt auf das Schlechte zu konzentrieren. Sie verändern ihre Erwartungen und konzentrieren sich auf das Gesamtbild, statt sich von einem Aspekt einer Debatte einfangen zu lassen, und sind im Allgemeinen zurückhaltender in ihren Annahmen. Dänen sind das, was Psychologen als »realistische Optimisten« bezeichnen.

Realistische Optimisten unterscheiden sich von jenen übertriebenen Optimisten mit dem aufgeklebten Lächeln und den Leuten, die oft unecht wirken, weil sie alles zu perfekt erscheinen lassen. Das Problem bei übertriebenem Optimismus ist dasselbe wie am anderen Ende des Spektrums, bei übertriebenem Pessimismus: Sehr negative Menschen neigen dazu, positive Informationen zu ignorieren, was negative Gefühle auslöst und die Wahrnehmung einer positiven Realität verhindert. Umgekehrt neigen allzu positiv denkende Menschen dazu, negative Informationen zu ignorieren, was dazu führt, dass sie wichtige negative Tatsachen nicht berücksichtigen. Es ist riskant, sich zu der Überzeugung zu zwingen, dass alles großartig ist, und sich einzureden, dass es überhaupt kein Problem gibt, wenn es in Wahrheit eines gibt. Das Ignorieren potenzieller negativer Situationen kann dazu führen, dass es viel negativere Folgen hat, wenn sie tatsächlich eintreten. Das hat mit der Selbsttäuschung zu tun, von der in Kapitel 3 die Rede war. Die Realität als Ganzes wahrzunehmen, aber sich trotzdem auf deren positiveren Aspekte zu konzentrieren ist die Sicht eines realistischen Optimisten.

Realistische Optimisten filtern einfach *unnötige* negative Informationen heraus. Sie lernen, negative Wörter und Ereignisse auszublenden, und entwickeln die Gewohnheit, mehrdeutige Situationen positiv zu interpretieren. Sie sehen Dinge nicht als nur schlecht oder gut, schwarz oder weiß, sondern sind sich darüber im Klaren, dass es noch viele Schattierungen dazwischen gibt. Sich auf die weniger negativen Aspekte von Situationen zu konzentrieren und einen Mittelweg zu finden verringert Ängste und steigert das Wohlbefinden.

Die Fähigkeit des Umdeutens

Viele Unternehmen in den USA schulen ihre Mitarbeiter im Umdeuten von Informationen, weil diese Fähigkeit als wichtige Voraussetzung für Resilienz angesehen wird. In einem Artikel in der *Harvard Business Review* schreibt Dean M. Becker, Gründer von Adaptiv Learning Systems: »Mehr als Bildung, mehr als Erfahrung und mehr als Schulung entscheidet die Resilienz eines Menschen über Erfolg und Misserfolg. Das gilt auf der Krebsstation ebenso wie bei den Olympischen Spielen und auf der Vorstandsetage.«

Zahlreiche Studien haben gezeigt, dass durch die bewusste Neuinterpretation eines Ereignisses in eine positive Richtung die Aktivität in den für die Verarbeitung negativer Emotionen zuständigen Gehirnregionen reduziert und in den für die kognitive Steuerung und adaptive Integration zuständigen Gehirnregionen verstärkt wird. Bei einer Studie zur Umdeutung wurden zwei Gruppen von Teilnehmern Bilder von wütenden Gesichtern gezeigt. Der ersten Gruppe wurde dazu gesagt, die Menschen auf den Bildern hätten einfach einen schlechten Tag gehabt und ihr Gesichtsausdruck hätte nichts mit ihnen zu tun. Die andere Gruppe bekam keine Erklärung für die Wut in den Gesichtern auf den Bildern und wurde aufgefordert, die Emotionen zuzulassen, die die Gesichter bei ihnen auslösten. Es stellte sich heraus, dass die Probanden, denen eine bestimmte Interpretation der wütenden Gesichter nahegelegt worden war, sich durch sie überhaupt nicht beeinträchtigt fühlten – die Aufzeichnung ihrer Gehirnströme zeigte, dass durch das Umdeuten die negativen Signale im Gehirn gelöscht worden waren. Im Gegensatz dazu fühlte sich die Gruppe, die einfach nur angewiesen worden war, ihre spontanen Gefühle zuzulassen, von den Gesichtern unangenehm berührt. Wir fühlen, was wir denken.

Wir fühlen, was wir denken.

Bei einer von Wissenschaftlern an der Universität Stanford durchgeführten Studie wurden Probanden mit Phobien mit Spinnen und Schlangen konfrontiert. Eine Gruppe wurde darin geschult, ihre Erfahrung umzudeuten, die andere nicht. Die geschulte Gruppe zeigte deutlich weniger Angst und Panik als die Kontrollgruppe, und es waren auch bleibende Veränderungen der emotionalen Reaktion zu beobachten, wenn sie später wieder mit den Spinnen und Schlangen konfrontiert wurde. Das belegt die langfristige Wirkung einer kognitiven Umdeutung.

Das Umdeuten verändert also nicht nur unsere Gehirnchemie, sondern hilft uns auch, Schmerz, Angst und Ähnliches zu interpretieren. Und diese Art der Umdeutung steht in direktem Zusammenhang mit der Sprache, die wir verwenden – sowohl bei verbalen Äußerungen als auch in Gedanken.

Wie die Sprache das Glück einschränkt

Eine einschränkende Sprache hat die gegenteilige Wirkung. Aussagen wie »Ich hasse das Fliegen«, »Ich bin eine schreckliche Köchin« oder »Ich bin so dick, weil ich keine Willenskraft habe« sind Beispiele für eine einschränkende Sprache. Aussagen wie »Ich reise gern, sobald ich aus dem Flugzeug ausgestiegen bin«, »Ich koche am liebsten nach Rezepten« und »Ich versuche, mich gesund zu ernähren und mich mehr zu bewegen« zeugen von einem völlig anderen Blick auf dieselben Dinge. Sie sind weniger schwarz-weiß und weniger einschränkend und fühlen sich völlig anders an. Wir können wählen, welche

Sprache wir verwenden wollen, und die Art unserer Sprache ist sehr wichtig, weil sie den Rahmen bildet, durch den wir die Welt sehen. Indem wir unsere Ausdrucksweise so verändern, dass sie eine unterstützende und weniger abwertende Wirkung hat, verändern wir auch unser Lebensgefühl.

Woher die Neigung der Dänen zum Umdeuten kommt, ist unklar. Realistischer Optimismus scheint in Dänemark einfach eine Standardeinstellung zu sein. Die mit der Umdeutung verbundenen Sprachentscheidungen werden von Generation zu Generation weitergegeben. Die meisten Dänen sind sich dieser Gabe nicht bewusst – so sehr ist sie ein Teil von ihnen. Und wir sind davon überzeugt, dass sie einer der Gründe dafür ist, dass die Dänen immer wieder als sehr glückliche Menschen eingestuft werden.

Wie das Umdeuten bei Kindern funktioniert

Beim Umdeuten im Umgang mit Kindern geht es darum, dass der Erwachsene dem Kind hilft, den Fokus von dem, was das Kind noch nicht zu können glaubt, auf das zu verschieben, was es schon kann. Er hilft dem Kind, Situationen aus einem anderen Blickwinkel zu betrachten und sich auf weniger negative Ergebnisse oder Schlussfolgerungen zu konzentrieren. Mit etwas Übung kann das – für den Erwachsenen und das Kind – zu einer Standardeinstellung werden.

Wenn Sie oder Ihre Kinder einschränkende Formulierungen, wie »Ich hasse das«, »Das kann ich nicht«, »Ich bin nicht gut darin« und so weiter, verwenden, erschaffen Sie eine negative Geschichte. Diese Art von Skript kann dazu führen, dass wir glauben, gar nichts gut zu können oder alles falsch zu machen. Ein Kind, dem einschränkende Geschichten darüber erzählt werden, »wie es ist« oder was es in bestimmten Situationen tun oder fühlen sollte, entwickelt ein mangelndes Vertrauen in seine eigenen Fähigkeiten angesichts neuer Herausforderungen. »Sie ist nicht besonders gut im Sport«, »Er ist so unordentlich«, »Sie ist zu sensibel«. Alle diese Aussagen beinhalten Definitionen und Bewertungen. Je mehr solcher Aussagen Kinder hören, desto mehr negative Schlussfolgerungen ziehen sie daraus in Bezug auf sich selbst.

Das Problem lässt sich dadurch lösen, dass man seinen Kindern eine andere Art von Geschichte erzählt. Indem man ihnen hilft, ein neues, umfassenderes oder vielseitigeres Bild von sich selbst und der Welt um sie herum zu bekommen, lernen sie, Dinge umzudeuten. Und diese Fähigkeit werden sie dann auch darauf anwenden, wie sie das Leben und andere Menschen sehen und interpretieren.

In Ibens Praxis für narrative Psychotherapie spielt Umdeutung und das noch tiefer gehende »Re-Authoring« eine wichtige Rolle. Iben hilft Eltern, sich ihre Überzeugungen in Bezug auf sich selbst und die Überzeugungen, die sie unwissentlich an ihre Kinder weitergeben, genau anzuschauen. Aussagen wie »Er ist unsozial«, »Sie lernt nicht gut«, »Er ist sehr schlecht in Mathe« und »Sie ist so egoistisch« stehen für Verhaltensweisen, die ihre Kinder zu interpretieren versuchen und mit denen sie sich identifizieren. Kinder hören Eltern diese Dinge viel öfter sagen, als es uns bewusst ist. Und bald glauben sie daran, dass sie wirklich so sind. Wenn neues Verhalten dann nicht zu ihrem »Etikett« passt, versuchen sie gar nicht erst, es einzuordnen, weil sie sich schon selbst als unkoordiniert, schüchtern oder schlecht in Mathe sehen.

Die Sprache, die wir verwenden, hat eine tiefe Wirkung. Sie ist der Rahmen, durch den wir uns und unser Bild der Welt wahrnehmen und beschreiben. Allan Holmgren, ein bekannter dänischer Psychologe, ist der Meinung, dass unsere Realität erst durch unsere Sprache entsteht. Jede Veränderung der Realität geht mit einer Veränderung der Sprache einher. Das bedeutet: Ein Problem ist nur dann ein Problem, wenn es als Problem bezeichnet wird.

Die Macht der Etiketten

Viele dieser Etiketten und Skripte verfolgen uns bis ins Erwachsenenalter. Ein großer Teil von dem, was wir als Erwachsene über uns denken, geht auf die Etiketten zurück, die man uns als Kind angehängt hat – faul, sensibel, egoistisch, dumm, schlau. Denken Sie einmal darüber nach: Welche Überzeugungen haben Sie in Bezug auf sich selbst, und wie viele davon stammen aus Ihrer Kindheit? Viele von uns messen sich ihr ganzes Leben lang unbewusst an diesen Etiketten. Doch indem wir uns von den Etiketten lösen, eröffnen wir uns und unseren Kindern Möglichkeiten der Veränderung.

Man denke nur daran, wie oft Eltern heute davon sprechen, dass Kinder irgendwie »gestört« sind, selbst wenn sie noch nie mit ihnen bei einem Psychologen waren. Es scheint etwas völlig

Normales geworden zu sein, sowohl den eigenen als auch fremden Kindern psychische Probleme zuzuschreiben. Schüchternheit bedeutet heute »Asperger«, Kinder mit überschäumender Energie erhalten ganz schnell das Etikett »ADHS«, Kinder, die nicht ständig lächeln, müssen wohl eine Depression haben, und das Neueste, von dem wir gehört haben, war ein ruhiges Kind, dem eine Wahrnehmungsverarbeitungsstörung zugeschrieben wurde. Die Eltern machten sich daraufhin Sorgen, die Tochter machte sich Sorgen, und es war beunruhigend sich vorzustellen, wie diese Etikettierung (ohne jede fachliche Diagnose) den Rest ihres Lebens beeinflussen würde.

So leichthin davon zu sprechen, dass bei Kindern eine psychologische oder neurologische Störung vorliegt, wie man davon spricht, dass sie hungrig sind oder frieren, ist eine ernste Angelegenheit. Dadurch wird nicht nur die Beeinträchtigung derjenigen, die tatsächlich an diesen Störungen leiden, verharmlost, sondern die Kinder werden auch unfair »etikettiert«. Wenn sie ein solches Skript immer wieder hören, beginnen sie sich damit zu identifizieren. Diese Storylines werden zu ihrer Lebensgeschichte, aus der sie nur sehr schwer wieder herausfinden. Wir fördern also genau die Dinge, die wir an uns selbst oder bei unseren Kindern nicht mögen, indem wir sie aussprechen und wiederholen. Durch Umdeuten oder Re-Authoring können wir jedoch unsere eigene Zukunft und die unserer Kinder neu schreiben.

Re-Authoring

Iben zeigt an einem Beispiel aus ihrer Praxis, wie sie Erwachsenen und Kindern mit der Methode des Re-Authoring hilft. Wenn jemand zu ihr kommt, der mit seinem Leben unzufrieden ist, findet sie zunächst heraus, wie er von sich selbst spricht. Sie redet mit ihm über die negativen Annahmen und Urteile zur eigenen Identität und versucht, ihn von diesen Etiketten zu lösen. Zum Beispiel sagte eine ihrer Patientinnen von sich, dass sie faul und zerstreut sei und dass das ihr Leben ruiniere. Iben fragte sie, welche Gefühle dieses Etikett bei ihr auslöse. Die Klientin erzählte, dass sie sich dabei schrecklich fühle, insbesondere, wenn sie etwas vergesse oder sich verlaufe oder lange ausschlafe. Diese Verhaltensweisen verstärkten das schlechte Gefühl noch. Wenn sie faul war, hatte sie das Gefühl, eine Versagerin zu sein und keine Willenskraft zu haben. Somit wiederholte sie jedes Mal, wenn sie sich selbst als »faul und zerstreut« bezeichnete, unbewusst das Skript in ihrem Kopf und verstärkte seine Bedeutung für ihr Leben.

Iben verwendete in ihrem Gespräch mit der Klientin daraufhin eine objektivierende Sprache – eine Sprache, die die Person vom Problem trennt. Faulheit ist nicht in den Genen festgelegt, sondern etwas, das Menschen zu unterschiedlichen Zeiten in ihrem Leben betrifft. Die Trennung der Person vom Problem versetzt uns in die Lage, uns wieder als Akteur im eigenen Leben wahrzunehmen, der das Problem angehen kann.

Iben half der Klientin dabei, die Faulheit zu visualisieren und zu beschreiben. Sie stellte ihr dazu Fragen wie: »Ist es eine dunkle Wolke?«, »Erdrückt sie Sie?«, »Welche Gefühle löst sie bei Ihnen aus, wenn sie entsteht?« Die Klientin sagte, es fühle sich an, als ob jemand sie festhalte. Es sei wie schwere Luft auf ihr; sie sei wie gelähmt. Das Gefühl sei wie ein Nebel, während sie versuche, eine Landkarte zu lesen. Es halte sie fest, wenn sie Sport treiben wolle. Es gebe ihr das Gefühl, unzuverlässig, unfähig und erbärmlich zu sein.

Anschließend sprachen sie über das Gegenteil von Faulheit, darüber, was die Klientin an sich selbst schätzte. Sie sprachen darüber, wie sie sich ihr Leben wünschen würde, wenn es ihr gelänge, diese schwere Luft abzuschütteln.

Dann nutzten sie frühere Erfahrungen, um ein anderes Skript für das Leben der Klientin zu finden. Dabei stellte sich heraus, dass sie über phänomenale Kommunikationsfähigkeiten und eine kreative Ader verfügte. Sie war humorvoll und eine loyale Freundin. Sie konnte gut kochen und war musikalisch begabt, und sie konnte auf jede Menge Erfahrungen zurückgreifen, die nichts mit Faulheit zu tun hatten. Sie und Iben sprachen ausführlich über diese Erfahrungen. Statt sich auf die negative Selbstbeurteilung »faul und zerstreut« zu konzentrieren, fokussierten sie sich auf die Werte und Fähigkeiten, die im neuen Skript mehr Raum einnehmen sollten. Und je mehr sie über die Werte und Fähigkeiten sprachen, die die Klientin an sich mochte, desto positiver und liebevoller wurde ihre Geschichte. Allmählich begann sie, sich auf eine neue Art zu definieren.

Jetzt war die Klientin kreativ, stark und zuverlässig und hatte das Gefühl, die Werkzeuge zu besitzen, die sie brauchte, um ihre Lebensperspektive und ihre Selbsteinschätzung noch stärker umzudeuten. Mit Übung wurde aus ihrer hörbaren Stimme ihre innere Stimme. Das Problem war jetzt einfach das Problem – es machte nicht mehr ihre Persönlichkeit aus. Und es schien unwahrscheinlich, dass sie sich je wieder als faul und zerstreut definieren würde. Die Macht der definierenden Sprache war so viel größer, als ihr bewusst gewesen war.

Beim Umdeuten oder Re-Authoring geht es also nicht darum, negative Ereignisse aus dem Leben auszublenden, sondern ihnen weniger Bedeutung beizumessen und sich mehr auf die Aspekte zu konzentrieren, die uns an uns und an unserem Leben gefallen. Wie bei dem Bild vom Anfang des Kapitels: Wenn wir offen dafür sind, den Rahmen zu verändern, können wir ein größeres Bild sehen und uns auf Details konzentrieren, die eine andere Geschichte erzählen. Wir können unsere gesamte Erlebensweise in etwas Besseres verändern. Genauso ist es bei Kindern: Wir sind als Erwachsene diejenigen, die ihnen ein positiveres und liebevolleres Skript aufzeigen können.

Dem Kind keinen Stempel aufdrücken

Aussagen wie »Sie ist so wählerisch beim Essen«, »Er liest nicht gern« oder »Er hört nie zu« führen dazu, dass Kinder sich über dieses Verhalten definieren. Tatsächlich gehört zu jedem Verhalten ein Gefühl oder eine Stimmung. Es ist nicht festgelegt. Vielleicht ist das Kind gerade nur müde oder hungrig oder wegen etwas beunruhigt. Je klarer wir das Verhalten vom Kind trennen können, desto besser können wir unsere Sicht des Kindes und seine Selbstwahrnehmung verändern. Damit sagen wir unserem Kind, dass es okay ist und dass dieses Verhalten nicht sein Schicksal ist. Wie wir gesehen haben, können aus Etiketten sich selbst erfüllende Prophezeiungen werden. Stempeln Sie Ihr Kind deshalb nicht ab.

Ein eigensinniges Kind kann manchmal sehr schwierig sein. Trotzdem sollte man versuchen, das Gesamtbild zu sehen und sich zu fragen, was zu diesem Verhalten geführt hat. Statt zu sagen, wie unmöglich sich das Kind benimmt, und ein Problem aus ihm zu machen, sollte man versuchen, die andere Seite der Geschichte zu sehen. Vielleicht hatte das Kind, das nichts essen will, vor dem Essen einen Snack und ist einfach nicht hungrig. Vielleicht ist das Kind, das sich weigert, sich anzuziehen, in dem Alter, in dem es Grenzen austestet, und noch nicht versteht, warum Socken so wichtig sind. Und was ist die andere, die positive Seite dieses eigensinnigen Verhaltens? Vielleicht ist das Kind sehr beharrlich und entschlossen und wird später großartige Führungsqualitäten zeigen. Beharrlichkeit ist eine wichtige Eigenschaft, die uns im Leben weiterbringt. Vielleicht ist das leicht abzulenkende Kind sehr kreativ und liebt die Kunst.

Indem wir die positiven Aspekte eines unangenehmen Verhaltens in den Vordergrund rücken und fördern, helfen wir unserem Kind, ein gesundes Selbstwertgefühl zu entwickeln und sich selbst anzunehmen. Dadurch werden viele Machtkämpfe vermieden, und Eltern und Kinder sind glücklicher.

Die dänische Art des Umdeutens

Dänen verwenden eine weniger einschränkende Sprache und sagen ihren Kindern nicht, wie sie sind oder was sie in bestimmten Situationen tun oder fühlen sollten. Man hört nicht oft, dass Kindern die Meinung von Erwachsenen aufgezwungen wird. »Stell dich nicht so an«, »Heul doch nicht«, »Du solltest dich freuen!«, »Er ist gemein!«, »Das kann er doch nicht machen!«, »Das solltest du ihm nächstes Mal sagen«.

Sie konzentrieren sich mehr auf eine unterstützende Sprache, die den Kindern hilft, die Gründe für ihre Gefühle und Verhaltensweisen zu verstehen, statt ihnen vorzuschreiben, wie sie sich fühlen oder nicht fühlen sollten:

»Was ist los?«

»Nichts.«

»Du siehst aus, als ob etwas nicht in Ordnung ist. Stimmt das?«

»Ja.«

»Was ist es?«

»Ich weiß nicht.«

»Bist du traurig? Wütend? Glücklich?«

»Ich bin traurig.«

»Warum bist du traurig?«

»Weil Ben beim Spielen meine Puppe genommen hat.«

»Was glaubst du, warum er das getan hat?«

»Weil er gemein ist.«

»Ist Ben immer gemein?«

»Ja.«

»Aber letzte Woche hast du gesagt, dass du viel mit ihm gespielt hast, nicht wahr?«

»Ja.«

»War er da auch gemein?«

»Nein.«

»Okay, also manchmal ist Ben nett?«

»Ja. Manchmal ist er nett.«

Dänische Eltern helfen ihren Kindern dabei, ihre Gefühle in Worte zu fassen und anschließend etwas Konstruktiveres als eine abwertende oder einschränkende Überzeugung zu finden. Das ist der Kern des Umdeutens:

»Was ist passiert, als er deine Puppe genommen hat?«

»Ich habe geweint.«

»Dann warst du also traurig, als er sie genommen hat. Das kann ich verstehen. Was glaubst du, was du nächstes Mal anders machen könntest, wenn Ben deine Puppe nimmt, damit du nicht wieder traurig bist?«

»Ich kann ihm sagen, dass er sie mir zurückgeben soll, oder ich kann es der Lehrerin sagen.«

»Ich glaube, Ben zu sagen, dass er sie dir zurückgeben soll, ist eine gute Idee. Spielt Ben gern mit Puppen?«

»Manchmal.«

»Gibt es sonst noch etwas, das du tun könntest, außer ihn zu bitten, sie dir zurückzugeben?«

»Vielleicht könnten wir zusammen mit den Puppen spielen.«

»Das klingt nach einer tollen Lösung. Wir wissen ja, dass Ben eigentlich ein lieber Junge ist. Nächstes Mal fragst du ihn einfach, ob er mit dir zusammen mit Puppen spielen will.«

»Ja!«

Die positive Seite der Dinge zu finden ist in den unterschiedlichsten Situationen möglich, nicht nur im Umgang mit Menschen. Mit etwas Übung wird es viel einfacher, eine Szene nach verborgenen Details zu durchforsten, die der Situation eine neue, konstruktivere Bedeutung verleihen. Und das kann sogar Spaß machen.

Wenn ein Kind ein besseres »Skript«, also eine positivere Deutung des Geschehenen, gefunden hat, wiederholen Sie es, damit es in Erinnerung bleibt. Aber letztlich sollte die Lösung vom Kind selbst kommen. Das baut sein Selbstwertgefühl auf, weil es die Kontrolle über seine eigenen Gefühlsreaktionen übernimmt. Dem Kind wird nicht gesagt, was es zu fühlen und wie es sich zu verhalten hat.

Wenn wir uns auf das Gute in den Menschen konzentrieren und die Verhaltensweisen von der Person trennen, vermitteln wir unseren Kindern, dass wir ihnen verzeihen, wenn sie sich selbst falsch verhalten. Nehmen wir an, wir hätten gesagt, dass Bens Verhalten lächerlich und gemein gewesen sei. Kinder merken sich so etwas. Wenn sie demnächst etwas Ähnliches tun, wissen sie, dass wir sie dafür verurteilen. Indem wir anderen Menschen vertrauen und verzeihen, lehren wir unsere Kinder, dass wir auch ihnen bei falschem Verhalten verzeihen. Wenn wir davon ausgehen, dass Fehler menschlich sind und dass wir ungeachtet dieser Wahrheit auch andere, positive

Dinge sehen können, sind Kinder auch bei ihren eigenen Fehlern nachsichtiger mit sich.

Eine andere Art der Umdeutung besteht darin, Humor ins Spiel zu bringen. Wenn Eltern bei einem Fußballspiel ihres Kindes zuschauen und das Kind schlecht gespielt hat und das auch selbst sagt, sieht die Reaktion der Eltern oft so aus: »Nein, du hast toll gespielt! Das Spielfeld war rutschig! Nächstes Mal gewinnt ihr bestimmt! Manchmal gewinnt man, und manchmal verliert man eben!«

Eine dänische humorvolle Umdeutung könnte dagegen so aussehen:

»Ich hab schrecklich gespielt.«

»Hast du dir ein Bein gebrochen?«

»Nein, aber ich bin ein ganz schlechter Spieler.«

»Aber dein Bein hast du nicht gebrochen, oder? Ganz sicher?« (Man beugt sich runter, um das Bein zu überprüfen.) »Na, wenigstens hast du dir nicht das Bein gebrochen.«

»Haha, ich spiele furchtbar schlecht Fußball. Ich sollte am besten aufhören. Ich hasse es.«

»Du hasst es? Ja, heute hast du wirklich ziemlich schlecht gespielt. Aber weißt du noch, dass du letzte Woche zwei Tore geschossen hast?«

»Na ja, schon, aber ...«

»Weißt du noch, wie du dich gefühlt hast, als du die Tore geschossen hast?«

»Ziemlich gut.«

»Ich meine mich zu erinnern, wie du herumgehüpft bist und gesungen hast. Hast du das Fußballspielen da auch gehasst?«

»Nein.«

»Genau. Dann denk einfach dran, wie du dich letzte Woche gefühlt hast, und lass uns zusammen überlegen, was wir tun können, damit du nächste Woche wieder besser spielst.«

»Wahrscheinlich mehr üben.«

»Ja. Und lass uns Pizza essen gehen und feiern, dass du dir nicht das Bein gebrochen hast.«

»Es gibt gute und schlechte Tage.«

Beachten Sie, dass die Eltern in diesem Beispiel nicht ignorieren, dass ihr Kind schlecht gespielt hat. Sie nehmen es zur Kenntnis, weisen aber humorvoll darauf hin, wie viel schlechter die Situation sein könnte, und erinnern das Kind an die guten Gefühle, die es in der vorherigen Woche hatte. Das macht einen realen Optimisten aus: Man nimmt die Realität zur Kenntnis, vermeidet aber unnötige negative Wörter und konzentriert sich mit Humor auf die positiven Gefühle oder ruft einen anderen Anlass für gute Gefühle in Erinnerung. Wenn man die positiven Aspekte des kindlichen Verhaltens betont, gibt man dem Kind die Werkzeuge an die Hand, die es braucht, um seine Individualität zu akzeptieren. Es ist alles eine Frage der Sichtweise. Und Übung macht den Meister!

Tipps zum Umdeuten

1. **Auf die eigene Negativität achten**
   Achten Sie darauf, wann Sie in ein negatives Denkmuster verfallen. Nehmen Sie bewusst wahr, wie oft Sie Situatio-

nen negativ interpretieren. Versuchen Sie übungshalber, in Bezug auf Menschen oder Dinge, die Sie ärgern und Ihnen Sorgen machen, andere Sichtweisen zu finden. Treten Sie einen Schritt zurück und finden Sie heraus, ob Sie die Dinge und Menschen dann besser verstehen und sich auf deren positive Seiten konzentrieren können.

2. Umdeuten üben

Fragen Sie sich, wie realistisch Ihre Gedanken sind, und versuchen Sie die Formulierungen positiv und motivierend zu verändern. Nehmen wir folgende Sätze: »Ich habe nie Zeit, Sport zu treiben. Ich bin so dick.«, »Ich bin eine sehr schlechte Autorin.«, »Meine Schwiegermutter nervt schrecklich.« Versuchen Sie jetzt, sie umzuformulieren. »Ich schaffe es mindestens einmal pro Woche, Sport zu treiben, und ich esse mittags Salat, was mir guttut.«, »Ich bin eine ganz gute Autorin, wenn ich erst mal richtig in Fahrt komme.«, »Ich mag meine Schwiegermutter, auch wenn wir unsere Differenzen haben. Sie ist eine tolle Großmutter für unsere Kinder.« Das kann schwierig sein, aber wir wissen, dass es unsere Gehirnchemie beeinflusst, was sich wiederum auf unser Wohlbefinden auswirkt. Anfangs fühlt es sich vielleicht sogar albern an, die eigenen Gedanken umzuformulieren, aber je besser man im Umdeuten wird, desto besser fühlt man sich. Alles, was wir an uns selbst, unserer Familie und unseren Ängsten und Sorgen negativ sehen und beschreiben, geben wir direkt an unsere Kinder weiter. Machen Sie deshalb sich selbst und Ihren Kindern das Geschenk der Umdeutung und helfen Sie ihnen, besser mit den Höhen und Tiefen des Lebens umzugehen.

3. **Weniger einschränkende Sprache verwenden**
   Vermeiden Sie eine einschränkende Schwarz-Weiß-Sprache: Ich hasse das, ich liebe jenes, immer, nie, ich muss, ich darf nicht, ich bin so, sie ist so ... Eine einschränkende Sprache lässt wenig Spielraum und betrachtet Dinge nur aus einem Blickwinkel. Versuchen Sie, eine gemäßigtere, weniger strenge Sprache zu verwenden. Wenn Sie weniger verurteilen und nachsichtiger mit sich und anderen sind, geraten Sie seltener in Machtkämpfe mit Ihren Kindern oder Ihrem Partner.

4. **Unterscheiden Sie zwischen Verhalten und Persönlichkeit**
   Statt »Sie ist faul« oder »Er ist aggressiv« zu sagen, versuchen Sie, diese Aspekte als etwas Externes statt als etwas der Person Innewohnendes zu sehen. Trennen Sie die Handlung oder das Verhalten von der Person. Die Aussagen »Sie hat einen Anfall von Trägheit« und »Er hat manchmal aggressive Anwandlungen« sagen etwas völlig anderes aus, verpassen Ihrem Kind kein Etikett und werten es als Mensch nicht ab.

5. **Ihrem Kind eine liebevollere Geschichte schreiben**
   Machen Sie eine Liste der negativsten Eigenschaften und Verhaltensweisen Ihres Kindes und schreiben Sie sie in Form von Sätzen auf. »Sie lernt nicht besonders gut«, »Ich

glaube, er hat ADHS«, »Sie ist so dickköpfig«. Schreiben Sie dann diese Sätze um und benennen Sie dabei die Ursachen dieser Eigenschaften oder Verhaltensweisen und zählen Sie die positiven Seiten Ihres Kindes auf. Zum Beispiel ist das Kind, das nicht gut in Mathe ist, vielleicht eine ausgesprochene Leseratte und sehr gesellig. Und das Kind, das ADHS hat, kann viel Energie haben und ein fantastischer Schlagzeuger sein. Oder der Dickkopf kann ein geduldiger Tüftler sein, der nicht aufgibt. Konzentrieren Sie sich auf die positiven Seiten Ihrer Kinder, damit sie sich aufgrund ihrer Einzigartigkeit wertgeschätzt fühlen, statt negative Etiketten angeheftet zu bekommen. Schreiben Sie die negativen Zuschreibungen für sich selbst und Ihre Kinder um und trennen Sie das Verhalten von der Persönlichkeit. Dadurch bekommen sowohl Eltern als auch Kinder die Möglichkeit, sich weiterzuentwickeln und liebevollere Geschichten über sich selbst zu schreiben.

6. **Eine unterstützende Sprache verwenden**
Helfen Sie Ihren Kindern, indem Sie eine unterstützende statt eine einschränkende Sprache mit ihnen sprechen. Stellen Sie Fragen, die ihnen helfen, ihre Gefühle hinter den Handlungen zu benennen. Helfen Sie ihnen, ihre Absichten und die Absichten anderer zu erkennen, damit sie verstehen, wie sie sich aus schwierigen Situationen befreien können.

7. **Nehmen Sie es mit Humor**
   Stellen Sie eine emotionale Verbindung zu Ihrem Kind her und lockern Sie die Situation mit Humor auf, um die Dinge aus einer neuen Perspektive zu betrachten. Aber achten Sie darauf, die Gefühle oder Erfahrungen des Kindes dabei nicht kleinzureden oder lächerlich zu machen.

5.

»E« steht für Empathie

»Die besten und schönsten Dinge auf dieser Welt
kann man weder sehen noch berühren,
sondern nur im Herzen spüren.«

HELEN KELLER

Jessica und ihre Schwester hatten viele Jahre ein sehr angespanntes Verhältnis zueinander. Ihre Begegnungen waren meistens von viel Augenrollen und Genervtsein begleitet. Offen gesagt, mochten sich die beiden Schwestern nicht allzu sehr. Jessica war der Meinung, dass ihre Schwester übertrieb, wenn sie erzählte, wie sie als Kind ihre Eltern erlebt hatte, und ihre Schwester hielt Jessica für verzogen und unsensibel. Beide Einschätzungen führten zu einer defensiven, misstrauischen Haltung, was Spannungen, Streitereien und eine wachsende Distanz nach sich zog und wenig Anlass zu der Hoffnung gab, dass die gestörte Beziehung jemals wieder repariert werden könne.

Erst als Jessica die Beziehung ihres Mannes zu seinem Bruder erlebte, begann sie sich zu fragen, ob es vielleicht eine bessere Art geben könne, mit ihrer Schwester umzugehen. Die beiden dänischen Brüder hatten genauso viele Differenzen und Probleme miteinander wie die beiden amerikanischen Schwestern, aber Jessicas Mann ging immer verständnisvoll und nachsichtig statt genervt und verärgert mit seinem Bruder um. Die beiden Brüder hatten trotz ihrer Differenzen eine sehr gute Beziehung. Eines Tages kam es Jessica in den Sinn, ihrer Schwester einmal wirklich zuzuhören – ohne ihre vorgefassten Filter. Sie versuchte, wirklich zu verstehen, wie sich ihre Schwester fühlte und worüber sie sich aufregte. Und Jessica stellte fest, dass sich eine tiefgreifende Veränderung vollzog, wenn sie ihrer Schwester wie einer Freundin und nicht in der gewohnten Rolle als erbitterte Gegnerin zuhörte.

Auf einmal nahm Jessica die Sichtweise ihrer Schwester ein, und sie begann, echtes Mitgefühl für sie zu empfinden. Und ihre Schwester für sie. Zum ersten Mal in ihrem Leben sprachen die beiden miteinander wie echte Freundinnen, die einander am Herzen liegen. Innerhalb eines Jahres verbesserte sich ihre Beziehung deutlich, und inzwischen ist sie unglaublich eng geworden. Während Jessica früher dachte, dass die gegenseitige Entfremdung unausweichlich sei, steht sie ihrer Schwester heute so nahe, wie es unter Geschwistern der Fall sein sollte, und ist dankbar dafür, dass ihre Schwester Teil ihres Lebens ist. Es hat eine grundlegende Veränderung zwischen den beiden stattgefunden, die auf praktizierte Empathie zurückzuführen ist.

Es ist erstaunlich, wie viele Menschen die Bedeutung des Wortes »Empathie« nicht kennen. »Hat das etwas mit Sympathie zu tun? Oder Apathie? Homöopathie? Was genau ist Empathie?« Empathie ist die Fähigkeit, die Gefühle anderer zu erkennen und zu verstehen. Es ist die Fähigkeit, zu fühlen, was ein anderer fühlt – nicht nur Mitgefühl *für* ihn zu haben, sondern *mit* ihm zu fühlen. Einfach ausgedrückt, bedeutet es, sich in den anderen hineinzuversetzen. Und das ist viel einfacher gesagt als getan. Aber warum ist es so schwierig? Hat es etwas mit unserer Kultur zu tun?

Eine neuere Studie hat gezeigt, dass die Empathie bei jungen Menschen in den USA seit den Achtziger- und Neunzigerjahren um fast 50 Prozent zurückgegangen ist, was ziemlich beunruhigend ist. Gleichzeitig hat sich der Narzissmus verdoppelt. Narzissmus ist eine übersteigerte Wahrnehmung der eigenen Person, die meist zu einer Abgrenzung gegenüber anderen führt und emotionale Beziehungen verhindert. Narzissten konzentrieren sich so sehr auf sich selbst, dass sie die Bedürfnisse anderer Menschen aus dem Blick verlieren. Es gibt viele Theorien dazu, warum es zu dieser Entwicklung gekommen sein könnte, aber niemand scheint die Gründe genau zu kennen.

Der NPI, ein Indikator für die narzisstische Persönlichkeit, wurde 1970 zur Bewertung des Narzissmus entwickelt, und seine Relevanz hat sich in vielen Studien gezeigt. Jean Twenge und ihre Kollegen haben zwischen 1982 und 2007 die NPI-Werte von Collegestudenten analysiert und dabei festgestellt, dass in diesem Zeitraum von 25 Jahren der Grad des Narzissmus deutlich und stetig angestiegen ist. Der Anstieg war so dramatisch, dass 2007 fast 70 Prozent der Collegestudenten höhere NPI-Werte erzielten als der durchschnittliche Collegestudent im Jahr 1982. Was konnte der Grund dafür sein?

Der Stärkste überlebt

Lange glaubte man in den USA – und auch in vielen anderen Ländern der westlichen Welt –, dass die Menschen, wie die Natur, im Grunde ihres Wesens egoistisch, aggressiv und auf Konkurrenz ausgerichtet sind. Es begann mit der industriellen Revolution. Die Struktur der modernen Wirtschaft sowie des Finanz-, Rechts- und Staatssystems basiert zumindest teilweise auf dieser Vorstellung, wodurch die Menschen im Grunde gegeneinander ausgespielt werden. Das »Evangelium der Habgier«, das die Wall Street regiert, ist nur ein Beispiel für diesen Mangel an Empathie. Evolutionstheoretiker, Politiker und die allgemeine Öffentlichkeit gehen schon sehr lange davon aus, dass Konkurrenzdenken und die gnadenlose natürliche Selektion die Grundorientierung des Menschen sind. Darauf basiert im Wesentlichen der heute so weit verbreitete Individualismus. Der berühmte, von vielen Politikern bewunderte Autor Ayn Rand vertritt die These, dass die menschliche Natur im Grunde egoistisch und jeder sich selbst der Nächste ist. Ob man dieser These explizit Glauben schenkt oder nicht – diese Überzeugungen sind so tief in unserer Kultur verwurzelt, dass sich die meisten Menschen dessen nicht einmal bewusst sind. Sie durchdringen das gesamte Alltagsleben. Konkurrenzdenken und das Streben danach, die Nummer eins zu sein, sind Teil unserer Identität.

Denken Sie einen Augenblick an die Mütter, die Sie kennen. Wie viele öffnen sich wirklich und sprechen darüber, was bei ihren Kindern los ist? Wie viele sind mutig genug, sich verletzlich zu zeigen und zuzugeben, dass sie nicht sicher sind, ob sie alles richtig machen? Heutzutage scheinen immer weniger Mütter in der Lage zu sein, auch mal Schwäche oder Unsicherheit zu zeigen, und die Liste der Standards, über die sich eine gute Mutter definiert, wird immer länger. Standards, die es einzuhalten gilt und an denen man sich mit anderen Müttern misst. Ob es um die Ernährung des Kindes (Stillen, Biokost etc.), außerschulische Aktivitäten (an wie vielen nehmen die Kinder teil, wie erfolgreich sind sie darin) oder die Schule geht – was eigentlich ganz normale Unterhaltungen sein sollten, wird oft von dem Gefühl beherrscht, dass man sich gegenseitig überbieten will. Natürlich beschränkt sich dieses Konkurrenzdenken nicht auf Mütter. Es beherrscht jede Art von Gespräch oder Diskussion. Das kann sehr subtil sein, aber wenn man genau darauf achtet, ist man überrascht, wie oft man es direkt unter der Oberfläche wahrnimmt.

Viele Menschen haben Angst davor, sich wirklich zu öffnen und verletzlich zu zeigen, weil sie nicht beurteilt oder abgelehnt werden wollen. Und wegen dieser Angst werden viele Beziehungen auf den Austausch von Oberflächlichkeiten und die optimale Selbstinszenierung reduziert.

Die Entdeckung des sozialen Gehirns

Laut Brené Brown, einer führenden Forscherin zum Thema Verletzlichkeit, haben Menschen Angst davor, sich verletzlich zu zeigen, weil sie Angst vor der Auflösung von Verbindungen haben. Wir sehnen uns so sehr nach sozialen Verbindungen, dass wir nichts zu sagen wagen, das zur Ablehnung durch andere führen könnte. Tatsächlich aber bringen uns Verletzlichkeit und Empathie einander näher. Wir jedoch bewegen uns lieber von der Verletzlichkeit weg zum anderen Ende des Spektrums, der Verurteilung.

Statt Empathie anzuwenden und zu versuchen, zu verstehen, warum jemand eine bestimmte Entscheidung getroffen hat (zu stillen oder nicht zu stillen, arbeiten zu gehen oder nicht arbeiten zu gehen, um nur einige der großen Themen unter Müttern zu nennen), verurteilen wir unser Gegenüber. »Wie kann sie berufstätig sein und ihre Kinder Fremden überlassen? Das würde ich nie tun!«, »Wie kann sie einfach nur Hausfrau sein? Das könnte ich nie!«, »Wie kann sie so lange stillen? Das ist ja ekelhaft.«, »Wie kann sie nicht stillen? Das ist so egoistisch!« Und so weiter. Man streicht mit dem breiten Pinsel der Verurteilung über die Andere, und schon ist man selbst die Überlegene und offensichtlich die bessere Mutter, und das fühlt sich gut an. Denn der Beste zu sein ist ein Wert, den wir sehr hochhalten. Die grausame Ironie liegt darin, dass wir uns sehr viel besser fühlen würden, wenn wir ein soziales Netzwerk hätten, in dem wir Unterstützung statt Verurteilung erfahren würden.

Das Problem beim ständigen Verurteilen und Streben nach Überlegenheit ist, dass wir uns unbehaglich und ängstlich fühlen, wenn sich unsere eigenen Gefühle der Verletzlichkeit und Unsicherheit bemerkbar machen. Und was tun die meisten Menschen, wenn sie Unbehagen oder Angst verspüren? Sie betäuben diese Gefühle mit Essen, Fernsehen, Einkaufen, Medikamenten, Drogen oder Alkohol. Mit diesen Ablenkungen verschaffen sie sich zumindest kurzfristig das Gefühl, dass alles in Ordnung ist. Aber das sind nur Heftpflaster. Und doch scheint jeder eine Schachtel mit diesen Pflastern zur Hand zu haben. In ihrem TED-Vortrag zum Thema Verletzlichkeit sagt Brown: »Wir sind die Gesellschaft, die die meisten Schulden hat, am fettleibigsten ist, die größte Zahl an Abhängigen aufweist und die meisten Medikamente schluckt.« Da drängt sich die Frage auf: Was wäre, wenn wir ein wenig mehr Verletzlichkeit und Empathie wagen würden, statt andere zu verurteilen?

Was wäre, wenn wir aufhören würden, nach einer Perfektion zu streben, die es nicht gibt? Was wäre, wenn wir versuchen würden, uns mehr mit anderen Menschen zu verbinden?

Was wäre, wenn wir versuchen würden, uns mehr mit anderen Menschen zu verbinden?

Bahnbrechende neurowissenschaftliche Forschungsarbeiten haben das zutage gefördert, was Wissenschaftler das »soziale Gehirn« nennen. Dabei handelt es sich um eine Gehirnregion, die aktiv wird, wenn wir an sozialer Interaktion teilnehmen. Matthew Lieberman, Professor für soziale Neurowissenschaften schreibt: »Dieses neuronale Netzwerk wird wie ein Reflex aktiviert und bringt uns dazu, über die Gedanken, Gefühle und Ziele anderer Menschen nachzudenken. Es fördert Verständnis und Empathie, Kooperation und Rücksichtnahme.« Lieberman ist davon überzeugt, dass wir von Natur aus nicht nur darauf programmiert sind, unsere eigenen Interessen zu verfolgen, sondern auch darauf, das Wohlbefinden anderer Menschen zu fördern.

Die Überraschung des Gefangenendilemmas

Um die Theorie zu überprüfen, dass Menschen sowohl auf Eigeninteresse als auch auf die Anteilnahme am Wohl der Anderen programmiert sind, konzipierte Lieberman eine Neuro-Imaging-Studie, bei der mithilfe einer bildgebenden Methode (funktionelle Magnetresonanztomographie / fMRT) der Blutstrom in bestimmten Gehirnregionen verfolgt wurde, während die Probanden einen psychologischen Test absolvierten, der als »Gefangenendilemma« bezeichnet wird.

Bei diesem Test geht es um zwei Menschen und eine Belohnung von zehn Dollar, die zwischen ihnen aufgeteilt werden soll. Wie viel jeder der beiden bekommt, hängt davon ab, ob der andere entscheidet, fair zu teilen oder nicht. Wenn beide Spieler sich für die Kooperation entscheiden, bekommen beide fünf Dollar. Wenn einer kooperiert, der andere jedoch »abtrünnig wird«, also beschließt, nicht fair zu teilen, bekommt der kooperative Teilnehmer nichts und der andere die ganzen zehn Dollar. Wenn beide abtrünnig werden, bekommt jeder einen Dollar. Die Herausforderung besteht darin, für sich eine Entscheidung zu treffen, ohne zu wissen, was der andere tun wird. Es ist sicherer, nicht kooperativ zu sein, denn dann bekommt man auf jeden Fall wenigstens einen Dollar und möglicherweise sogar zehn. Kooperiert man, riskiert man hingegen, leer auszugehen, wenn der andere sich unkooperativ verhält.

Die Ergebnisse zeigten, dass sich die Probanden – entgegen den Erwartungen der Wissenschaftler – öfter für die Kooperation als für ein egoistisches Verhalten entschieden. Außerdem zeigte das fMRT, dass die Aktivität im ventralen Striatum (dem Hauptbelohnungszentrum des Gehirns) zunahm, solange beide kooperierten. Und dieses Belohnungszentrum reagierte sensibler auf den Gesamtbetrag, den *beide* Spieler erhielten, als auf das persönliche Ergebnis des Einzelnen. Das bedeutet, dass die Teilnehmer sich mehr über die Freude des anderen freuten als über ihre eigene! Wie lässt sich das erklären?

Die Dänen waren schon immer der Überzeugung, dass die Anteilnahme am Glück anderer eine Grundvoraussetzung für das eigene Glück ist, und nach diesen wissenschaftlichen Ergebnissen zu urteilen, liegen sie damit nicht ganz falsch!

Die Wahrheit über Empathie

Historisch betrachtet, galt Empathie als etwas, das den Menschen vom Tier unterscheidet. Die meisten Menschen glaubten, dass Tiere und Primaten keine Empathie zeigen. Doch der berühmte Primatenforscher Frans de Waal zeigt in seinem Buch *Das Prinzip Empathie*, dass Empathie bei den verschiedensten Tierarten zu beobachten ist. Es gibt Forschungsarbeiten, die Empathie bei Mäusen, Affen, Menschenaffen, Delphinen, Elefanten und anderen Tieren nachweisen, aber in der Öffentlichkeit ist davon wenig bekannt. Das ist deshalb so, weil viele unserer vorherrschenden Richtlinien auf der Überzeugung basieren, dass die Natur ein »Überlebenskampf« ist und dass wir deshalb unsere Gesellschaften besser auf Wettbewerb und Egoismus statt auf dem gesamten Spektrum des Menschseins aufbauen sollten.

Vom evolutionsbiologischen Standpunkt aus ist Empathie eine wertvolle Fähigkeit, und ohne Empathie und Solidarität hätte der Mensch nicht überleben können. Entgegen der landläufigen Auffassung liegt den meisten von uns das Wohlergehen anderer durchaus am Herzen. Dieser Impuls schlummerte lange Zeit einfach nur, weil ihm der Fokus fehlte.

Früher dachte man, dass Babys ohne die Fähigkeit zu Empathie geboren werden, aber das entspricht nicht den Tatsachen. Wir sind alle von Natur aus auf Empathie programmiert. Wir müssen einfach nur lernen, das Programm auch auszuführen, damit die Sache funktioniert.

> Wir sind alle von Natur aus auf Empathie programmiert.

Empathie ist im limbischen System des Gehirns angesiedelt, das Gedächtnis, Emotionen und Instinkt steuert. Dabei handelt es sich um ein komplexes neurologisches System, das Spiegelneuronen und den Inselcortex umfasst. Vielen Menschen ist nicht klar, dass wir biologisch dafür eingerichtet sind, uns mit anderen zu verbinden. Das wird durch viele neuronale Systeme in der rechten Gehirnhälfte ermöglicht, wobei die Spiegelneuronen eine wichtige Rolle spielen. Das Selbst ist keine abgegrenzte Einheit, sondern ein auf Beziehungen ausgelegtes Konstrukt.

Daniel Siegel, klinischer Professor für Psychologie an der University of California, Los Angeles, sagt dazu: »Empathie ist für Menschen kein Luxus, sondern eine Notwendigkeit. Wir überleben nicht, weil wir Krallen und Reißzähne haben, sondern weil wir kommunizieren und zusammenarbeiten können.«

Empathie erleichtert unsere Verbindung zu anderen. Sie entwickelt sich in der frühen Kindheit durch die Interaktion mit der Bezugsperson. Ein Kind lernt zuerst, sich auf die Gefühle und Stimmungen seiner Mutter einzustellen, und dann auf die Gefühle und Stimmungen anderer Menschen. Was die Mutter fühlt, fühlt auch das Kind und spiegelt es. Deshalb sind Blickkontakt, Mimik und Tonfall am Anfang des Lebens so wichtig. Es ist unsere erste Möglichkeit, Vertrauen und Nähe zu empfinden und Empathie zu trainieren.

Babys versuchen, andere Babys mit einem Schnuller oder einem Stofftier zu trösten, wenn sie sie weinen hören. Sie reagieren auf das Weinen anderer mit Angst oder Unruhe, und manche fangen sogar selbst an zu weinen. Sie verstehen vielleicht noch nicht den Grund für das Weinen oder die dahinterstehende Emotion, aber im Lauf der Zeit begreifen sie den Zusammenhang.

Studien zeigen, dass 18 Monate alte Kinder fast immer versuchen, einem Erwachsenen zu helfen, der sich erkennbar mit einer Aufgabe abmüht. Wenn der Erwachsene die Hand nach etwas ausstreckt, versucht das Kleinkind, es ihm zu geben. Wenn der Erwachsene versehentlich etwas fallen lässt, hebt das Kind es auf. Wirft aber derselbe Erwachsene etwas mit Nachdruck zu Boden, hebt das Kind es nicht auf. Es versteht, dass es absichtlich geschehen ist und dass der Erwachsene den

Gegenstand nicht haben will. Schon bevor man Kindern beibringt, hilfsbereit oder rücksichtsvoll zu sein (und bevor sie verstehen, dass es eine Pflicht ist), sind sie weniger egoistisch als oft angenommen.

Die elterliche Verantwortung

Eltern tragen eine große Verantwortung, weil sie das Hauptvorbild in Bezug auf Empathie sind und selbst Empathie praktizieren müssen. Das kann durch den Sprachgebrauch und durch das Verhalten geschehen. Kinder sind ständig auf ihre Eltern konzentriert und ahmen sie nach. Darum ist das, was sie in ihrer Familie erleben, wesentlich für die Entwicklung von Empathie.

Familien, in denen Kinder körperlichem, seelischem oder sexuellem Missbrauch ausgesetzt sind, zerstören die Empathiefähigkeit dieser Kinder. Ihre gesunden Grenzen werden verletzt, und ihre Fähigkeit, sich in andere einzufühlen, wird unterdrückt. Jedes Kind, das ein Bindungstrauma erlitten hat, erleidet auch eine Schädigung seiner Empathiefähigkeit.

Auch durch überbehütende Familien kann die Empathieentwicklung von Kindern beeinträchtigt werden. Damit sind die Eltern gemeint, die Angst davor haben, ihr Kind Fehler machen oder tiefe Gefühle empfinden zu lassen, und die alles tun, um Konflikte zu vermeiden und ihrem Kind jeden Wunsch zu erfüllen. Diese Eltern verbergen manchmal ihre unlogischen, irrationalen und emotionalen Reaktionen, um ihre Kinder zu »schützen«. Doch dadurch wird die Fähigkeit des Kindes, die

Gefühle anderer Menschen zu lesen, eingeschränkt (weil das, was sie sehen und fühlen, nicht von den Eltern bestätigt wird), was wiederum ihre Fähigkeit zur Empathie verringern kann. Kinder aus überbehütenden Familien neigen als Erwachsene oft zu Narzissmus, Ängsten und Depressionen. Wegen der fehlenden Übereinstimmung zwischen Gefühlen und Verhalten können sie nicht lernen, sich selbst zu regulieren.

Kinder, denen ständig gesagt wird, was sie zu fühlen und wie sie sich zu verhalten haben, entwickeln sich nicht auf dieselbe Weise wie diejenigen, die ihr gesamtes Gefühlsspektrum ausdrücken dürfen. Sie verlieren den Kontakt zu ihren wahren Gefühlen, was es ihnen erschwert, die vielen Entscheidungen des Lebens zu treffen. Möglicherweise verspüren sie eine dauerhafte Leere und Unzufriedenheit. Woher sollen wir wissen, was wir wollen, wenn wir nicht wissen, was wir fühlen?

Bei Kindern bereits in einem frühen Alter die Fähigkeit zu Empathie zu fördern hilft ihnen, später tragfähige, liebevolle Beziehungen einzugehen. Und wir wissen, dass diese liebevollen Beziehungen die Grundlage für echtes Glück und Wohlbefinden sind.

Wie lernen die Dänen, so empathisch zu sein?

Im dänischen Schulsystem wird schon im Kindergarten ein landesweites Pflichtprogramm namens »Schritt für Schritt« umgesetzt. Dabei werden den Kindern Bilder von Kindern gezeigt, die verschiedene Gefühle wie Trauer, Angst, Wut, Frustration, Zufriedenheit und so weiter ausdrücken. Die Kinder sprechen über diese Karten und bringen zum Ausdruck, was die Kinder auf den Bildern empfinden. So lernen sie, ihre eigenen Gefühle und die Gefühle anderer Menschen in Worte zu fassen. Sie trainieren Empathie, das Lösen von Problemen, Selbstkontrolle und das Lesen von Mimik. Es ist ein wesentlicher Aspekt des Programms, dass Moderatoren und Kinder die Gefühle, die sie sehen, nicht beurteilen. Sie erkennen und respektieren sie einfach.

Ein weiteres Programm, das sich zunehmender Beliebtheit erfreut, heißt »CAT-kit«. Dieses Programm dient zur Verbesserung der emotionalen Wahrnehmung und Empathie und konzentriert sich auf die Artikulation von Erfahrungen, Gedanken, Gefühlen und Sinneseindrücken. Das CAT-kit enthält Werkzeuge wie Bildkarten, die Gesichter zeigen, Messlatten zum Bestimmen der Intensität von Gefühlen und Bilder des Körpers, auf denen die Kinder die physischen Aspekte und Orte von Emotionen einzeichnen können. Außerdem gibt es ein Werkzeug namens »Mein Kreis«, in dem die Kinder ihre Freunde, Angehörigen und Lehrer sowie Fremde in verschiedenen Bereichen einzeichnen, um das Verständnis der Gefühle anderer Menschen zu erleichtern.

Auch die Mary Foundation hat einen wichtigen Beitrag zum Empathietraining in Schulen geleistet. Mary, die Kronprinzessin und zukünftige Königin Dänemarks, hat ein Anti-Mobbing-Programm ins Leben gerufen, das landesweit umgesetzt wurde. »Frei von Mobbing« ist ein Programm, in dem Drei- bis Achtjährige über Dinge wie Schikanieren und Verspotten sprechen, damit sie lernen, freundlich und respektvoll miteinander umzugehen. Es hat bereits positive Ergebnisse gezeigt, und mehr als 98 Prozent der Lehrkräfte würden es anderen Einrichtungen empfehlen.

Ein weiteres, weniger offenkundiges Beispiel für das Empathietraining an dänischen Schulen ist das Konzept, Kinder mit unterschiedlichen Stärken und Schwächen in einer Klasse zu mischen. Schüler mit besseren schulischen Leistungen werden zusammen mit schwächeren Schülern unterrichtet, schüchterne mit geselligeren Kindern und so weiter. Dabei wird sehr subtil vorgegangen. Die Lehrer lernen die Schüler im Laufe der Zeit kennen und setzen sie dann entsprechend nebeneinander. Dabei sollen die Schüler lernen, dass jeder positive Eigenschaften hat, und einander helfen, die nächste Entwicklungsstufe zu erreichen. Das Mathematikgenie ist vielleicht ein schlechter Fußballspieler und umgekehrt. Dieses System fördert Kooperation, Teamarbeit und Respekt.

Studien haben gezeigt, dass es beim Weitergeben von Wissen eine große Lernkurve gibt. Schüler, die andere unterrichten, arbeiten härter daran, den Stoff zu verstehen, können ihn präziser abrufen und nutzen ihn effektiver. Aber sie müssen auch versuchen, die Perspektive des anderen einzunehmen, um ihm an den Stellen helfen zu können, wo er Schwierigkeiten hat. Einem anderen Schüler komplizierte Sachverhalte zu erklären ist keine einfache Aufgabe, aber eine Lebenskompetenz von unschätzbarem Wert.

Und wie Iben während ihrer Jahre als Lehrerin aus erster Hand erfahren durfte, vermittelt diese Art der Zusammenarbeit und Empathie den Kindern tiefe Befriedigung. Das führt uns wieder zurück zum sozialen Gehirn und den fMRT-Ergebnissen beim Gefangenendilemma. Entgegen landläufiger Erwartungen ist im Gehirn bei Kooperation mehr Befriedigung zu verzeichnen als beim einsamen Gewinnen.

Vielleicht überrascht es dann auch nicht, dass Empathie einer der wichtigsten Faktoren ist, die erfolgreiche Führungspersönlichkeiten, Unternehmer und Manager ausmachen. Sie reduziert Mobbing, erhöht unsere Bereitschaft zu verzeihen und verbessert unsere Beziehungen und die soziale Einbindung zu anderen. Empathische Teenager sind erfolgreicher, weil sie zielorientierter als ihre narzisstischeren Mitschüler sind. Und das ist ja auch nachvollziehbar. Erfolgreiche Menschen sind nicht allein aktiv. Jeder von uns braucht die Unterstützung anderer Menschen, um in seinem Leben positive Ergebnisse zu erzielen.

Vielleicht gelingt es uns, durch aktives Unterrichten von Empathie (wie in Dänemark) dazu beizutragen, dass aus unseren Kindern glücklichere Erwachsene werden.

Die Macht der Worte

Knud Ejler Løgstrup, ein berühmter dänischer Philosoph und Theologe, der einen großen Einfluss auf die dänische Denkweise hatte, vertrat die Auffassung, dass Eltern dafür verantwortlich sind, ihre Kinder nicht nur durch Spielen und Wissensvermittlung, sondern auch durch die Stärkung der Empathie geistig zu fördern. Er erklärte, dass die Worte, die wir verwenden, und die Geschichten, die wir über andere erzählen, eine wesentliche Rolle dabei spielen, wie gut sich unsere Kinder in andere Menschen hineinversetzen können.

Wenn Dänen beispielsweise vor ihren eigenen Kindern über andere Kinder reden, ist ihre Wortwahl bemerkenswert. Sie denken nicht aktiv darüber nach, sondern benutzen einfach Standardformulierungen und betonen dabei vor allem die guten Charakterzüge der anderen Kinder. Man hört sehr oft: »Er ist so ein lieber Junge, nicht wahr?«, »Findest du nicht auch, dass sie sehr freundlich ist?«, »Das war sehr hilfsbereit von ihm, oder?«, oder: »Er ist sehr nett. Findest du nicht auch?«

Das Bemerkenswerte daran ist, dass auch durch diese Wortwahl die Grundlage dafür geschaffen wird, dass Kinder später standardmäßig das Positive an anderen Menschen wahrnehmen. Wenn man regelmäßig auf die guten Seiten anderer hinweist, wird es für sie zur Gewohnheit, die guten Seiten wahrzunehmen. Und es wird selbstverständlich, anderen zu vertrauen.

Man hört Dänen wirklich selten in Gegenwart ihrer Kinder etwas Negatives über andere Kinder sagen. Stattdessen versuchen sie das Verhalten anderer zu erklären: »Wahrscheinlich war sie sehr müde, und ihr hat ihr Mittagsschlaf gefehlt«, »Meinst du, er hatte Hunger? Du weißt ja, wie unleidlich wir sein können, wenn wir hungrig sind.« Sie bringen ihren Kindern auf diese Weise bei, dass das Verhalten der anderen Kinder von den Umständen beeinflusst wird, statt diese Kinder einfach als gemein, egoistisch oder nervig zu bezeichnen. Das ist die unterstützende Sprache, von der in Kapitel 4 die Rede war.

Und tatsächlich bildet sich so in der Kindheit die Fähigkeit des Umdeutens aus. Sich vorstellen zu können, dass es jemandem schlecht geht, macht es uns einfacher, sein Verhalten verständnisvoll zu betrachten. Statt ihm ein negatives Etikett anzuheften, können wir unsere Wahrnehmung durch Empathie aufhellen. Es gibt uns auch selbst ein besseres Gefühl, wenn wir uns unsere Zeit und unsere Energie nicht durch negative Gedanken und Empfindungen rauben lassen.

Løgstrup war nicht so naiv zu glauben, dass Vertrauen in andere immer belohnt wird. Er glaubte einfach, dass Vertrauen, wie andere »souveräne Ausdrucksformen des Lebens« (wie Offenheit beim Sprechen, Liebe und Mitgefühl), ein grundlegender Aspekt des Menschseins ist: »Vertrauen in andere zu zeigen bedeutet, sich zu befreien.« Und das ist wahr. Vertrauen ist sehr befreiend.

Die dänische Art, Empathie zu fördern

Wenn es darum geht, Empathie zu lehren, gilt es zunächst, zwischen der Fähigkeit zur Empathie und ihren Folgen zu unterscheiden. Das heißt: Wie sollte man Empathie in Bezug auf andere anwenden? Das muss erlernt werden, und es erfordert viel Zeit und viele gute Beispiele von Eltern und anderen, die täglich mit den Kindern zusammen sind.

Lassen Sie uns ein Beispiel geben: Lisa spielt am Strand mit einer Schaufel. Mark, ein jüngeres Kind, will auch mit der Schaufel spielen, aber Lisa weigert sich, sie ihm zu geben. Mark fängt an zu weinen. Was sollte Lisa tun? Viele Eltern würden in dieser Situation einfach Mark die Schaufel geben, weil er weint. Aber was lehren sie die Kinder damit? Müssen wir wirklich jedem das geben, was er haben will, einfach nur, weil er es will? Dadurch lernen Kinder nur, Dinge aufgrund einer äußeren Konsequenz statt aufgrund einer inneren Überlegung zu tun. Lisa spielt mit der Schaufel und spürt, dass Mark unruhig wird. Sie braucht einen Erwachsenen, der ihr hilft, ihre eigenen Bedürfnisse und Grenzen auszuloten und anschließend eine Entscheidung zu treffen, für die sie selbst einstehen und die Verantwortung übernehmen kann. Bei dieser Art von Konflikt passiert es oft, dass Erwachsene Mitgefühl für Mark haben und verlangen, dass Lisa auf der Basis dieses Mitgefühls handelt und Mark die Schaufel gibt. Das ist weder fair noch empathisch. Das heißt nicht, dass Lisa nicht lernen sollte, die Gefühle anderer Menschen zu berücksichtigen, ganz und gar nicht. Aber es ist wichtig, den Kindern zu vermitteln, dass die Eltern auch für sie Empathie und Mitgefühl empfinden und dass sie die Bedürfnisse und Gefühle ihrer Kinder verstehen. Dadurch bekommen die Kinder die Unterstützung, die sie brauchen, um selbst Empathie anzuwenden. Es lehrt auch Mark, dass er durch Weinen nicht immer sein Ziel erreicht.

Was können Lisas Eltern also tun? Nachdem sie den Kindern zunächst Zeit gegeben haben, selbst eine Lösung zu finden, könnte Lisas Vater oder Mutter Lisas Körpersprache lesen und sie fragen, ob sie die Schaufel mit Mark teilen will. Vielleicht können die Eltern eine Absprache vorschlagen: Lisa spielt noch fünf Minuten damit, und dann kann Mark sie ausleihen, während Lisa so lange mit etwas anderem spielt. Spielsachen zu teilen und zusammen zu spielen kann Spaß machen – wenn man in der Stimmung dafür ist. Es ist in Ordnung, manchmal nein zu sagen, aber zu lernen, wie man teilt, und es zu genießen ist auch wichtig.

Langfristig kann diese Art von Empathie-Lektionen eine

große Wirkung erzielen. Wenn man ein Kind lehrt, dass es nicht gezwungen wird, etwas zu tun, nur um ein anderes Kind zu besänftigen oder um die Dinge zu vereinfachen, ist das eine wichtige Lektion für die Zukunft. Teenagern, die von Gleichaltrigen unter Druck gesetzt werden, fällt es leichter, für das einzustehen, was sie für richtig halten, wenn ihnen von Anfang an gezeigt wurde, dass ihre Gefühle berechtigt sind. Wenn sie einen starken inneren Kompass haben, führt er sie in die richtige Richtung.

Eine andere Art, wie dänische Eltern bei ihren Kindern die Fähigkeit zur Empathie fördern, besteht darin, sie auf die Gefühle anderer Menschen hinzuweisen. Folgende Aussagen hört man von Dänen nicht selten:

- »Oh, siehst du, dass Victor weint? Was glaubst du, warum er weint?«
- »Sie sieht wütend aus. Weißt du, warum sie wütend ist?«
- »Ich sehe, dass du aufgeregt bist. Kannst du mir sagen, warum?«

Folgende Reaktionen sind dagegen bei dänischen Eltern sehr selten:

- »Sei nicht so. Es gibt keinen Grund, wütend zu sein.«
- »Warum ist sie wütend? Das ist doch lächerlich!«
- »Du hast keinen Grund zum Heulen – hör auf damit!«
- »Warum regst du dich so auf?!«
- »Du solltest froh sein!«

Dänische Eltern erkennen ein Gefühl zumindest an, bevor sie es mit dem Kind besprechen – »Oh? Warum weinst du?« –, und sie begeben sich auf die Ebene des Kindes, um ihm zu zeigen, dass sie es wahrnehmen.

»Ich sehe, dass du traurig bist. Weswegen bist du traurig? Weil deine kleine Schwester dein Spielzeug genommen hat? Sie ist ja noch ein Baby. Ich glaube nicht, dass sie es absichtlich getan hat. Du?«

Die Gefühle von Kindern haben nicht immer gute Gründe, und es gibt auch nicht immer einfache Lösungen dafür, aber indem wir sie zumindest anzuerkennen und nicht zu beurteilen versuchen, lehren wir die Kinder Respekt. Man stelle sich vor, die Gefühle von Erwachsenen würden ständig missachtet und als lächerlich, unnötig oder falsch abgetan, und man würde ihnen vorschreiben, was sie stattdessen fühlen sollten.

Das Vermeiden von Urteilen ist ein wichtiger Grundsatz für die Vermittlung von Empathie. Deshalb versuchen die Dänen, nicht zu hart über ihre Kinder, ihre Freunde, die Freunde ihrer Kinder oder deren Familie zu urteilen. Alle Mitglieder einer Familie haben das Recht, gehört und ernst genommen zu werden, nicht nur derjenige, der am lautesten schreit. Gegenüber sich selbst und anderen tolerant zu sein ist für dänische Eltern sehr wichtig.

Und denken Sie daran: Durch einen empathischeren, toleranteren, verletzlicheren und authentischeren Umgang in der Familie helfen Sie Ihren Kindern, als Erwachsene weniger über andere (auch über Sie) zu urteilen.

Tipps für Empathie

1. **Den eigenen Empathie-Stil kennen**
   - Was bedeutet Empathie für mich?
   - Was bedeutet Empathie für meinen Partner?
   - Worin stimmen wir überein und worin nicht?
   - Was sind unsere Grundwerte?
   - Wie sehr neige ich dazu, mich selbst und andere zu verurteilen? Wie sehr neigt mein Partner dazu, andere zu verurteilen?
   - Wie drückt sich das in unserer Sprache aus?
   - Wie kann ich meine Sprache so verändern, dass darin ein empathischerer, weniger verurteilender Stil zum Ausdruck kommt?

   Denken Sie daran, dass all das nicht einfach ist. Aber mit etwas Übung werden Sie immer besser. Versuchen Sie zuerst, sich selbst zuzuhören, um festzustellen, wie viel und was Sie über andere reden, und überlegen Sie sich dann andere, empathischere Ausdrucksweisen. Denken Sie daran, dass Ihre Kinder Sie nachahmen. Bitten Sie Ihren Partner, auch seine Denk- und Sprechweise zu überprüfen und anzupassen.

2. **Andere verstehen**

   Üben Sie, andere zu verstehen, statt sie zu verurteilen. Sie werden überrascht sein, wie oft sie andere verurteilen und welchen Unterschied es macht, wenn Sie stattdessen einen Grund finden, sie zu verteidigen, indem Sie sich in ihre Lage versetzen. Das ist gelebte Empathie.

3. Auf Gefühle achten und sie benennen

Helfen Sie Ihrem Kind, die Gefühle anderer Menschen wahrzunehmen und seine eigenen zu erleben, ohne dass Sie ihm Ihr Urteil aufdrängen. »Sally war wütend? Warum war sie wütend? Was ist passiert? Was denkst du über das, was passiert ist?« Nicht: »Sie hätte nicht wütend sein und das tun sollen.«

4. Lesen, lesen, lesen

Studien haben gezeigt, dass Vorlesen das Empathievermögen von Kindern deutlich erhöht. Und es sollten nicht nur Bücher mit fröhlichem Inhalt vorgelesen werden, sondern Bücher, die alle Gefühle, auch negative und unangenehme, beschreiben oder wecken. Sich auch auf eine für die Kinder nachvollziehbaren Art und Weise mit der Realität auseinanderzusetzen ist ehrlich und authentisch und trägt nachweislich zur Verstärkung der Empathie bei.

5. Wichtige Beziehungen verbessern

Versuchen Sie, einige Ihrer eigenen Beziehungen durch Empathie zu verbessern. Gestörte Beziehungen führen nachweislich zu körperlichen und seelischen Schäden. Empathie und Verzeihensbereitschaft aktivieren dieselbe Gehirnregion, das heißt, je mehr man seine Empathiefähigkeit verbessert, desto leichter wird es, zu verzeihen und Vergebung zu erfahren. Gute Beziehungen in Familie und Freundeskreis sind die wichtigsten Faktoren in Bezug auf Zufriedenheit (weitaus wichtiger als Geld).

6. **Verletzlich sein**
   Versuchen Sie, ein besserer Zuhörer zu sein, und haben Sie keine Angst davor, sich verletzlich zu zeigen. Damit können Sie, mehr als durch alles andere, die Nähe und Verbundenheit zu Ihrem Kind fördern. Hören Sie ihm zu, seien Sie neugierig, spiegeln Sie das Gehörte zurück und verwenden Sie sprachliche Bilder, um Ihrem Kind zu zeigen, dass Sie für es da sind.

7. **Empathie bei anderen suchen**
   Umgeben Sie sich mit Freunden und Angehörigen, die Empathie und Freundlichkeit ausstrahlen. Frischgebackene Eltern können von dieser Unterstützung enorm profitieren.

6.

»C« steht für Coolbleiben

»Es ist besser, sich selbst zu besiegen,
als tausend Schlachten zu gewinnen.«
BUDDHA

Wir haben es alle schon erlebt: Wir sind müde, unsere Kinder sind ungehorsam oder hören nicht zu, und trotz aller Bemühungen benehmen sie sich weiterhin schlecht – und dann verlieren wir die Kontrolle. Manche Eltern brüllen herum, manche drohen mit »Auszeiten« oder damit, den Kindern etwas wegzunehmen, und manche greifen sogar zu körperlichen Züchtigungen.

Oft steht dahinter Frustration, weil das Kind ein Ultimatum nicht beachtet hat. Meistens läuft die Szene so ab: »Du machst das jetzt besser oder ...!« Oder: »Wenn du jetzt nicht damit aufhörst, kannst du was erleben ... das ist mein Ernst!« »Wenn ich dich nochmal auffordern muss, war's das!« Und wenn das Ultimatum erst einmal ausgesprochen wurde und alle Ressourcen erschöpft sind, haben die Eltern das Gefühl, dass sie ihre Drohung in die Tat umsetzen müssen, um die Kontrolle wiederzuerlangen. So endet es mit Geschrei oder sogar einer Form der körperlichen Bestrafung.

Jessica hinterfragte den »Klaps auf den Hintern« jahrelang nicht, da sie ihn aus ihrer eigenen Kindheit kannte. Als sie in die Grundschule ging, waren körperliche Züchtigungen durch Lehrer gerade erst abgeschafft worden.

Doch während ihrer ersten Schwangerschaft wurde Jessica bewusst, wie sehr sich die Haltung ihres Mannes zur Disziplinierung von Kindern von ihrer eigenen Einstellung dazu unterschied. Ihre Diskussionen über dieses Thema und Jessicas zunehmendes Verständnis für die dänische Erziehung ihres Mannes veränderten schließlich ihre Einstellung. Der Weg zu dieser Erkenntnis war – wie bei so vielen Aspekten des dänischen Erziehungsstils – sehr erhellend.

Bei den Recherchen zu diesem Buch erfuhren wir, dass die körperliche Bestrafung in Schulen derzeit noch in 19 Bundesstaaten der USA erlaubt ist. Das heißt, dass Kinder bei schlechtem Benehmen mit einem Stock geschlagen werden dürfen. Obwohl die körperliche Züchtigung in staatlichen Schulen in 31 Staaten verboten ist, ist sie an Privatschulen noch immer in allen 50 Staaten zulässig. In Deutschland wurde die Prügelstrafe an Schulen in den meisten Bundesländern 1973, in Bayern erst 1980, per Gesetz verboten. Das allgemeine Recht von Kindern auf eine gewaltfreie Erziehung wurde im November 2000 durch Verschärfung von Paragraph 1631, Absatz 2, des BGB gesetzlich geregelt.

Die vier Erziehungsstile

Unabhängig davon, ob körperliche Bestrafung eingesetzt wird, unterscheiden Entwicklungspsychologen vier verschiedene Erziehungsstile:

Autoritär: Die Eltern sind fordernd und gehen wenig auf das Kind ein. Sie verlangen Gehorsam und legen strenge Maßstäbe an – so wie die klassische »Tigermutter«.

Kinder autoritärer Eltern zeigen meist gute schulische Leistungen, leiden aber manchmal unter einem geringen Selbstwertgefühl und Depressionen und haben nur schwach ausgeprägte soziale Kompetenzen.

Autoritativ (nicht mit autoritär zu verwechseln): Diese Eltern sind fordernd, gehen aber auf das Kind ein. Auch sie setzen hohe Maßstäbe, geben dem Kind aber Unterstützung. Kinder autoritativer Eltern gelten als sozial und intellektuell kompetenter als Kinder anderer Elterntypen.

Permissiv: Diese Eltern gehen sehr stark auf ihr Kind ein, verlangen aber selten reifes Verhalten von ihm und verlassen sich stattdessen auf seine Selbstregulierung. Kinder permissiver Eltern haben oft Schwierigkeiten in der Schule und allgemeine Verhaltensprobleme.

Unbeteiligt: Diese Eltern gehen weder auf ihr Kind ein, noch stellen sie Forderungen. Sie gehen allerdings nicht so weit, es zu vernachlässigen. Kinder unbeteiligter Eltern zeigen in allen Bereichen die schlechtesten Ergebnisse.

Von autoritären Eltern heißt es, sie gehen wenig auf die Kinder ein und üben eine starke Kontrolle aus. Eine autoritäre Antwort auf die Frage eines Kindes nach dem »Warum« wäre: »Weil ich es sage.« Die Kinder werden nicht dazu ermutigt, »warum« zu fragen, sondern das zu tun, was ihnen gesagt wird.

Es gibt einige problematische Aspekte im Zusammenhang mit der autoritären Erziehung: Zum einen kann starke Kontrolle dazu führen, dass Kinder rebellieren. Zum anderen führt die mangelnde Unterstützung (außer in Form von Äußerungen wie »Zieh deine Strümpfe hoch«, »Sitz gerade« und »Du tust, was ich sage«) dazu, dass die Kinder mit der Regulierung ihrer Gefühle alleingelassen werden, was in Kombination mit Angst und Scham bei den Kindern Verwirrung und Unsicherheit auslösen kann.

Autoritäre Eltern wenden diesen Erziehungsstil normalerweise an, weil sie selbst so erzogen wurden und das Gefühl haben, dass es ihnen nicht geschadet hat. Und vielleicht trifft das auch zu. Aber wenn jemand sagt, dass er sein Leben lang geraucht hat und es ihm nicht geschadet hat, bedeutet das dann, dass Rauchen gut für uns ist?

Die harte Wahrheit über das Schlagen

Eine Auswertung von Forschungsarbeiten aus zwei Jahrzehnten zu den langfristigen Folgen körperlicher Züchtigung von Kindern ergab, dass Schlagen nicht nur nicht funktioniert, sondern sich auch sehr nachteilig auf die langfristige Entwicklung von Kindern auswirken kann.

Kinder, die geschlagen werden, fühlen sich deprimiert und wertlos. Ihr Selbstwertgefühl kann leiden. Harte Strafen können den unerwünschten Effekt haben, Kinder zum Lügen zu veranlassen, da sie auf jeden Fall vermeiden wollen, geschlagen zu werden. Körperliche Strafen werden mit psychischen Problemen im Erwachsenenalter, wie Depressionen, Ängsten sowie Drogen- und Alkoholmissbrauch, in Zusammenhang gebracht. Ergebnisse bildgebender Verfahren lassen darauf schließen, dass körperliche Strafen möglicherweise Gehirnregionen verändern, die für die Leistung bei IQ-Tests verantwortlich sind. Außerdem gibt es Daten, die darauf hindeuten, dass körperliche Strafen Gehirnregionen beeinträchtigen können, die an der Gefühls- und Stressregulierung beteiligt sind.

Was halten die glücklichsten Menschen der Welt vom Schlagen und Schreien und von Machtkämpfen?

In Dänemark wurde das Schlagen von Kindern 1997 gesetzlich verboten. Die meisten Dänen halten es für extrem befremdlich, ja fast undenkbar, Schlagen zum Disziplinieren von Kindern einzusetzen. In Schweden wurde es schon 1979 verboten. Und inzwischen haben mehr als 32 Länder, darunter die meisten europäischen Länder, Costa-Rica, Israel, Tunesien und Kenia, ähnliche Gesetze.

Der dänische Erziehungsstil ist sehr demokratisch. Er ist am ehesten mit dem autoritativen Erziehungsstil verwandt. Das heißt, dänische Eltern stellen Regeln und Richtlinien für ihre Kinder auf und erwarten von ihnen, dass sie sie einhalten. Aber sie gehen sehr auf die Kinder ein, wenn diese Fragen zu den Regeln stellen. Für die Dänen sind Kinder von Natur aus gut, und sie reagieren entsprechend auf ihre Kinder. Es gibt beispielsweise einen interessanten sprachlichen Unterschied zwischen der englischen und der dänischen Bezeichnung für das Alter zwischen zwei und vier Jahren. Im Englischen wird es als »the terrible twos« (die zwei schrecklichen Jahre), im Dänischen (wie im Deutschen) dagegen als »Trotzalter« bezeichnet.

Dass Kinder Grenzen austesten, ist normal und willkommen, nicht ärgerlich und schrecklich. Wenn man es so betrachtet, ist es einfacher, das Trotzverhalten als wichtigen Entwicklungsschritt zu begrüßen, statt es als schlecht und bestrafenswert zu betrachten.

> Für die Dänen sind Kinder von Natur aus gut.

Schlagen und Anschreien von Kindern wird man in Dänemark kaum erleben. Ein Haushalt, in dem viel herumgebrüllt wird, ist in der Tat sehr selten. Wie schaffen die Dänen das? Einer der Elternteile, die wir befragt haben, hat es ziemlich gut zusammengefasst: »Ich denke, dass wir als Eltern vor allen Dingen ruhig bleiben und versuchen müssen, nicht die Kontrolle zu verlieren. Denn wie können wir von unseren Kindern erwarten, sich unter Kontrolle zu haben, wenn wir es selbst nicht können? Das kommt mir unfair vor.«

Das bedeutet nicht, dass die Dänen zu weich oder schwach sind, ganz und gar nicht. Aber Bestimmtheit und Freundlichkeit können Wutausbrüche, Machtkämpfe und Ultimaten wirkungsvoller ersetzen. So schaffen Sie eine friedliche Atmosphäre, in der sich alle sicherer und wohler fühlen können.

Respektvolle Erziehung

Die Dänen wollen, dass ihre Kinder respektvoll sind, aber Respekt beruht auf Gegenseitigkeit. Man muss anderen respektvoll begegnen, um Respekt von ihnen erwarten zu können. Durch Angst zu herrschen ist problematisch, weil es nicht Respekt, sondern Angst fördert. Es gibt einen entscheidenden Unterschied zwischen Bestimmtheit und Angst: Wenn Angst herrscht, kennt das Kind nicht immer den eigentlichen Grund dafür, dass es etwas nicht tun sollte; es will einfach nur vermeiden, verletzt oder angeschrien zu werden. Dadurch wird das Kern-Selbst nicht gefördert. Ein starkes Kern-Selbst basiert auf der Möglichkeit, zu fragen und zu verstehen, was Regeln sind und warum sie existieren, und sie dann zu verinnerlichen und wertzuschätzen. Vor etwas, das als Regel bezeichnet wird, Angst zu haben ist etwas völlig anderes. In einer Umgebung zu leben, in der viel herumgeschrien wird, ist auch nicht hilfreich. Und Sie wissen als Eltern nicht, ob Ihr Kind Ihnen zukünftig die Wahrheit sagt, wenn es Angst vor Ihnen hat. Vielleicht sagt es Ihnen nur aus Angst das, wovon es denkt, dass Sie es hören wollen. Angst hat eine starke Wirkung, fördert aber keine auf Nähe und Vertrauen basierende Atmosphäre. Sie haben einen viel positiveren Einfluss und eine wirklich enge Beziehung, wenn Sie eine Atmosphäre des Respekts und der Ruhe fördern, in der keine Angst vor Beschuldigungen, Scham oder Schmerz herrscht.

Studien haben gezeigt, dass Kinder autoritativer Eltern mit höherer Wahrscheinlichkeit selbstständig, sozial akzeptiert und an Schule und Universität erfolgreich sind und ein akzeptables Verhalten zeigen. Bei ihnen treten seltener Depressionen und Ängste auf, und sie zeigen seltener antisoziales Verhalten, wie Straftaten und Drogenmissbrauch. Forschungsarbeiten deuten darauf hin, dass schon *ein* autoritativer Elternteil einen großen Unterschied bewirken kann. Kinder autoritativer Eltern sind auch mehr auf ihre Eltern ausgerichtet und weniger von Gleichaltrigen beeinflusst. In einer Studie über amerikanische Studenten wurden die Teilnehmer mit einer Reihe von moralischen Problemen konfrontiert und gefragt, wie sie sie lösen würden. Studenten aus autoritativen Familien sagten öfter als andere, dass ihre Eltern, nicht Gleichaltrige, ihre Entscheidungen beeinflussen würden.

»Cool bleiben« in der Schule

An dänischen Schulen wird die Demokratie gefördert, indem Schüler die Möglichkeit haben, jedes Jahr zusammen mit ihren Lehrern die Schulregeln festzulegen. Zum Schuljahresbeginn sprechen die Lehrer ausführlich mit ihren Schülern darüber, was es bedeutet, eine gute Klassengemeinschaft zu haben, und welche Werte und Verhaltensweisen ihrer Meinung nach dafür umgesetzt werden sollten. Die Regeln können alles – von Pünktlichkeit über Ausredenlassen bis hin zu respektvollem Umgang – abdecken. Wichtig ist, dass alle gemeinsam über den Verhaltenskodex entscheiden. Jede Klasse hat ihre eigenen Regeln. Und sie werden jedes Jahr neu diskutiert, weil die Schüler älter und reifer werden und ein anderes Verantwortungsbewusstsein haben als im Vorjahr.

Die Ergebnisse sind eindrucksvoll. Iben erinnert sich, dass es in einem Schuljahr in der Klasse ihrer Tochter Julie die Regel gab, dass die ganze Klasse aufstand, im Zimmer umherging und zehnmal in die Hände klatschte, wenn jemand zu laut war oder den Unterricht störte. Das hatten alle gemeinsam zum Schuljahresbeginn beschlossen. So spürten die Kinder, die zu laut waren, die direkte Auswirkung ihres Verhaltens auf ihre Mitschüler, nicht nur auf den Lehrer. Und sie erkannten, dass sie verantwortlich für die anderen und für den Unterreicht waren. Daraus kann eine überraschend starke Motivation resultieren, mit dem störenden Verhalten aufzuhören.

In Dänemark verwendet man viel mehr Zeit und Energie darauf, sich zu überlegen, wie man Probleme vermeiden kann, statt darauf, wie man jemanden dafür bestrafen kann. Die meisten dänischen Schulen sind mit verschiedenen Hilfsmitteln für Schüler mit bestimmten Beeinträchtigungen ausgestattet. Beispielsweise können Schüler mit ADHS oder Hyperaktivität im Unterricht auf einem aufblasbaren Ballkissen sitzen, das die Konzentration fördert. Dieses Kissen hat auf einer Seite »Massagestacheln«, die die haltungsrelevanten Muskeln stimulieren, sodass der Schüler aufrechter und besser ausbalanciert sitzt, was wiederum zu einer höheren Aufmerksamkeit führt.

In den Schulen gibt es auch »Zappel-Sets« und »Kuschel-Dinge« für Kinder, denen es schwerfällt, stillzusitzen. Diese Sets enthalten Stressbälle und spaghettiartige Schnüre, mit denen die Kinder ihre Hände beschäftigen können, was ihnen hilft, besser aufzupassen und sich zu konzentrieren. Kinder, die zu viel Energie haben oder aggressiv sind, werden aufgefordert, draußen auf dem Hof ein paar Runden zu laufen, um etwas von ihrer überschüssigen Energie zu verbrennen.

Dänische Lehrer sind auch dafür geschult, ein Leitprinzip namens »Differenzieren« anzuwenden. Das bedeutet, dass die Lehrer lernen, jeden Schüler als Individuum mit besonderen Bedürfnissen zu sehen. Sie erstellen gemeinsam mit dem jeweiligen Schüler Zielpläne und machen zweimal pro Jahr eine Bestandsaufnahme. Die Ziele können sich auf die schulischen Leistungen sowie auf die persönliche und soziale Entwicklung beziehen. Dahinter steht die Vorstellung, dass die Lehrkraft durch die Methode der »Differenzierung« die individuellen Bedürfnisse der Schüler besser versteht und entsprechend agieren und reagieren kann.

Das ist wichtig, weil – wie wir in den vorherigen Kapiteln gesehen haben – unsere Reaktionen auf Kinder sehr stark davon abhängen, wie wir sie sehen. Wenn wir sie als böse und manipulativ sehen, reagieren wir entsprechend. Wenn wir sie aber als unschuldig und entsprechend ihrer Programmierung handelnd sehen, können wir ihnen leichter verzeihen und sie unterstützen, statt sie zu bestrafen. Wir bringen viel mehr Geduld auf, wenn wir die guten Absichten und die positiven Eigenschaften in einem auf den ersten Blick nervigen Kind erkennen. Das ist ein Kreislauf, der zu einem selbst zurückführt: Gutes schafft Gutes. Ruhe erzeugt Ruhe. Denken Sie daran, dass nicht das Kind schlecht ist, sondern nur das Verhalten. Diese Unterscheidung sollten Sie immer treffen.

Ruhe erzeugt Ruhe.

Machtkämpfe vermeiden

Iben erinnert sich auch an ein Beispiel, wie sie Machtkämpfe mit einem Schüler vermieden hat. In ihrer Klasse gab es einen sehr provokativen und rebellischen Jungen, der als »Störenfried« abgestempelt wurde. Viele Schüler hielten Iben für zu nachsichtig im Umgang mit ihm, aber sie hatte das Gefühl, dass es wichtig war, ihn nicht als »böse« abzustempeln und ständig Konflikte mit ihm zu haben. Sie wusste, dass er aus schwierigen Verhältnissen kam, und sah ihn immer als lieben, liebevollen Jungen. Er war lustig und intelligent, und Iben konzentrierte sich auf seine Stärken und ignorierte den Rest, um das schlechte Skript, mit dem er sich selbst schon identifizierte, nicht noch zu verstärken. Sie sprach respektvoll mit ihm und vertraute auf seine Fähigkeit, sich zu einem guten Menschen zu entwickeln.

Viele Jahre später kam dieser Schüler zu einem Schulfest, obwohl er schlechte Erinnerungen an die Schule hatte. Er hatte sein Leben inzwischen völlig umgekrempelt und kam, um sich zu bedanken. Er erinnerte sich noch daran, dass Iben ihm gesagt hatte, sie mache sich keine Sorgen um ihn, und wisse, dass er im Leben gut zurechtkommen werde. Er sagte ihr, dass das Vertrauen, das sie damals in ihn gesetzt habe, ihm die Kraft gegeben habe, sich selbst zu vertrauen und ein besserer Mensch zu werden. Iben war tief berührt. Da wurde ihr klar, wie wichtig es tatsächlich ist, das Verhalten von der Person zu trennen. Menschen zu vertrauen und ihnen zu helfen, sich selbst in einem anderen Licht zu sehen, trägt dazu bei, ein liebevolleres Lebensskript zu entwickeln.

Nun haben wir gesehen, warum ein demokratischer Erziehungsstil vorteilhaft für das Wohlergehen, das Glück und die Resilienz unserer Kinder ist. Wie können wir den dänischen Ansatz des »Coolbleibens« nun in der Praxis anwenden?

Sich selbst den Spiegel vorhalten

Denken Sie an die Dinge, die Sie am wenigsten an sich mögen, und halten Sie sich dann einen Spiegel vor. Genau das werden Sie von Ihrem Kind bekommen. Wenn Sie das Herumschreien und die herumfuchtelnden Hände nicht mögen, dann lassen Sie es einfach sein. Wenn Sie keine körperlichen Strafen mögen, lassen Sie sie sein.

Nicht darüber nachdenken, was andere denken

Hören Sie auf, sich Gedanken darüber zu machen, was andere über Sie oder das Verhalten Ihres Kindes denken. Der Impuls zu brüllen wird durch Zuschauer und den dadurch bedingten zusätzlichen Stress oft noch verschärft. Ob bei Freunden oder in der Familie, in einem Restaurant oder im Laden – achten Sie darauf, dass Ihr Verhalten nicht gegen Ihre Werte verstößt. Es geht darum, authentisch zu sein und sich den eigenen Werten gemäß zu verhalten. Machen Sie sich keine Gedanken darüber, wie andere ihre Kinder erziehen oder wie Sie nach Auffassung Ihrer Verwandten Ihre Kinder erziehen sollten. Konzentrieren

Sie sich auf das, was für Ihre Kinder richtig ist, und glauben Sie an den Erfolg Ihres Erziehungsstils. Die meisten Eltern wiederholen einfach ihre eigenen Muster. Sie dagegen tun etwas viel Größeres und Schwierigeres, indem Sie etwas ändern. Gründen Sie eine Gruppe von Eltern, die Ihre Werte gemäß dem dänischen Konzept teilen und sich gegenseitig unterstützen. Glauben Sie an Ihre Werte und stehen Sie zu dem, wofür Sie kämpfen. Auch wenn es darum geht, glückliche, resiliente und umgängliche Kinder großzuziehen, geht Probieren über Studieren.

Die dänische Art der Erziehung funktioniert. Lassen Sie sich nicht mehr auf einen Machtkampf wegen des Essens oder mangelnder Höflichkeit oder der Streitsucht vor Freunden oder Angehörigen ein. Atmen Sie tief durch, bleiben Sie ruhig, denken Sie nach. Setzen Sie auf Humor. Bieten Sie einen Ausweg an. Machen Sie sich keine Gedanken darüber, wie ein Dritter Sie oder Ihre Kinder beurteilt. Auf lange Sicht werden Ihre Kinder glücklicher und gesünder sein, und darauf kommt es an.

Entspannen und das große Ganze im Blick behalten

Man muss den Unterschied zwischen den einzelnen Schlachten und dem Krieg kennen und sich nicht auf jede Schlacht einlassen. Ist es wirklich wichtig, dass die Kleidung und die Frisur Ihrer Kinder immer perfekt aussehen? Ist es wirklich wichtig, dass Ihr Sohn dieses Batman-T-Shirt nicht noch einen Tag länger trägt? Ist es wirklich wichtig, dass Ihre Tochter jetzt sofort ihren Teller abspült, weil Sie es gesagt haben? Oder dass die Kinder genau jetzt Spinat probieren? Ist es das wirklich wert? Das müssen Sie herausfinden, und Sie müssen zusammen mit Ihrem Partner entscheiden, wann die Grundlinien durchgesetzt werden müssen. Bei Freunden oder in einem Restaurant ist vielleicht nicht der richtige Ort. Was sind Ihre Grundlinien, und wann wollen Sie sie wirklich durchsetzen? Fragen Sie sich, ob es Ihnen selbst und Ihrem Kind gegenüber respektvoll ist, in der Öffentlichkeit eine Riesenszene zu machen. Sie müssen konsequent sein, aber Sie müssen keine Soldaten großziehen. Denken Sie daran, dass Kinder Phasen durchlaufen, in denen sie bestimmte Dinge nicht tun/essen/tragen/sagen wollen. Irgendwann lassen sie diese Phasen hinter sich. Wenn Sie in Bezug auf Ihre Grundlinien konsequent sind, werden die Kinder sie verstehen. Es kommt darauf an, die Geduld und die Kraft zu haben, um diese Phasen durchzustehen, ohne die Kontrolle zu verlieren, und sich auf die wichtigen Dinge zu konzentrieren.

Jessicas Tochter weigerte sich eine Zeitlang, eine Jacke oder Socken zu tragen. Das war sehr frustrierend, und nichts funktionierte außer dem Praxistest: Wenn man mit ihr ohne Jacke und Socken hinausging, merkte sie, dass ihr kalt war und sie mehr anziehen sollte. Es dauerte einige Zeit, aber irgendwann ließ sie die Phase hinter sich. Sie hatte auch eine Weile die Angewohnheit, Leute nicht zu grüßen. Wenn sie gegrüßt wurde, schaute sie weg. Jessica erinnerte sie immer wieder daran, zwang sie aber nicht dazu, ebenfalls zu grüßen. Nach sechs Monaten fing ihre Tochter plötzlich wieder an, »Hallo« zu sagen, und tat es von da an immer. Kinder testen Dinge für sich aus. Wenn daraus ein zu großer Machtkampf wird, verlieren alle, und das Leben wird unnötig schwer. Wenn Sie cool bleiben, bleiben es auch die Kinder.

Coolbleiben: Einen Ausweg anbieten

Das Kleinkind wirft mit etwas, das es nicht werfen soll.

Typische Reaktion der Eltern: »Wirf nicht damit! Noch einmal, und du kannst was erleben!«

Nehmen Sie ihm den Gegenstand weg. Lenken Sie es ab. Bringen Sie das Kind woandershin. Sagen Sie etwas Lustiges. Bleiben Sie ruhig, wenn Sie nein sagen. Zeigen Sie dem Kind, welche Folgen das Werfen mit diesem Gegenstand haben kann. Sagen Sie »Aua«, als ob Sie getroffen worden seien, und geben Sie ihn dann dem Kind zurück. Wenn das Kind noch einmal wirft, zeigen Sie es ihm wieder. Schütteln Sie den Kopf und schauen Sie schmerzlich drein. Vielleicht versteht Ihr Kind es beim ersten Mal nicht, aber mit der Zeit versteht es mehr und mehr.

Andere zu schlagen oder zu beißen ist inakzeptabel, und in solchen Fällen sollten Sie hart bleiben und das Kind festhalten und nachdrücklich »Nein!« sagen. Bestehen Sie darauf, dass es Sie anschaut und einen Entschuldigungslaut von sich gibt und Sie umarmt, damit es frühzeitig lernt, was es bedeutet, sich zu entschuldigen, und dass tätliche Angriffe nicht akzeptabel sind. Denken Sie daran, dass Sie schnell reagieren müssen, denn Kinder vergessen sofort wieder, was sie gerade getan haben. Sie müssen auf diese Verhaltensweisen sofort reagieren. Vielleicht versteht Ihr Kind die Bedeutung von »Tut mir leid« nicht sofort, aber mit der Zeit und mit Ihrer Hilfe wird es lernen, sich in andere einzufühlen.

Machtkämpfe beim Abendessen

Die Reaktion eines Kindes auf Essen ist oft davon abhängig, wie hungrig es ist. Wenn es zum Beispiel nachmittags viel gegessen hat, hat es abends wahrscheinlich keinen großen Hunger. Oder es ist so hungrig, dass es seinen Blutzucker regulieren muss, um sich besser zu fühlen. Wenn ein Kind isst, um seinen Blutzucker zu regulieren, wirkt sich das sicher auf sein Verhalten aus. Eine empathische Haltung hilft Ihnen, seine Ausgangssituation zu verstehen und entsprechend zu reagieren. Verständnisvoll statt wütend zu sein ist ein guter Ausgangspunkt. Stellen Sie sich vor, wie Sie sich in der jeweiligen Situation (zu hungrig oder zu satt) fühlen würden, und richten Sie Ihr Verhalten danach aus.

Folgendes sollten Sie bedenken: Ein Kind zu lehren, Essen zu genießen und wertzuschätzen, ist etwas Großartiges. Nahrung ist das, was uns am Leben erhält, und eine gesunde Einstellung dazu zu haben kann viel zu unserer Zufriedenheit im Leben beitragen. Überprüfen Sie Ihre eigene Beziehung zum Essen und achten Sie darauf, dass sie so gesund wie möglich ist. Mahlzeiten sollten ein schöner Anlass für das Beisammensein der Familie sein. Legen Sie Ihren Kindern ein bisschen von allem auf den Teller, und lassen Sie sie essen, wie sie wollen. Die

Nahrungsaufnahme sollte vor allem angenehm und gemütlich sein, nicht angespannt und darauf fokussiert, dass die Kinder essen *müssen*. Unter solchen Umständen würde den meisten Leuten der Appetit vergehen!

Wenn Sie eine große Sache daraus machen, ist es eine große Sache. Wir mögen auch nicht jedes Essen, das uns vorgesetzt wird, und spülen nicht immer sofort unseren Teller oder zwingen uns, Dinge zu probieren, die wir nicht mögen. Manchmal tun wir es, aber nicht immer. Halten Sie Ihren Kindern nach Möglichkeit einen Ausweg offen. Sie werden mehr Respekt vor Ihnen haben, wenn sie eine Regel selbst entdecken. Denken Sie immer daran, dass Sie das Vorbild sind.

Ein niedriger Stresspegel sorgt für Entspannung, besonders beim Essen. Gesundes Essen auf dem Tisch, das Vermeiden ungesunder Snacks und angenehme gemeinsame Mahlzeiten, die nicht an ein Bootcamp erinnern, zeigen Ihrem Kind, dass Essen etwas Schönes und Wertvolles ist.

Um Kinder zum Essen zu ermutigen, sagen Eltern in Dänemark oft: »Du musst das essen, damit du groß und stark wirst! Willst du groß und stark sein?« Die Eltern fordern ihr Kind auf, seine Oberarmmuskeln anzuspannen, um zu demonstrieren, wie stark es ist, und versichern ihm dann, dass das von dem Gemüse und anderen gesunden Essen kommt, das es zu sich nimmt. Und das funktioniert öfter, als man denken würde!

Die Regeln erklären

»Schnall dich an.«

»Nein, will ich nicht.«

»Weißt du noch, was ich dir gesagt habe, warum du dich anschnallen sollst?«

»Nein.«

»Wenn wir einen Unfall haben und du nicht angeschnallt bist, könntest du schwer verletzt werden. Und dann musst du ins Krankenhaus. Willst du ins Krankenhaus?«

»Nein.«

(Sie schnallen das Kind an.)

Je öfter Sie Dinge so erklären, dass die Kinder sie verstehen können, desto besser. Diese Vorgehensweise ist respektvoll und hilft Ihnen dabei, Ihre Kinder auf Ihre Seite zu bringen und ein gemeinsames Ziel zu verfolgen, in diesem Fall die sichere Autofahrt.

Erste Schritte

1. **Erstellen Sie einen Aktionsplan.**
   Welche Werte haben Sie in Bezug auf Ihre Kinder? Schließen Sie auch die Werte Ihres Partners mit ein.

2. **Geben Sie Ihren Kindern manchmal einen Klaps?**
   Nehmen Sie sich vor, es nicht mehr zu tun. Es ist völlig unnötig und zerstört Vertrauen und Respekt.

3. **Werden Sie zu oft laut?**
   Erheben Sie nur dann die Stimme, wenn es wirklich nötig ist. Schreien ist für niemanden angenehm. Ihre Kinder ahmen Sie nach; Sie sind ihr Vorbild. Wenn Sie wollen, dass Ihre Kinder sich unter Kontrolle haben und gut benehmen, dann müssen Sie in dieser Hinsicht Ihr Vorbild sein.

Wie lässt sich Geschrei vermeiden? Finden Sie Möglichkeiten, Ihren eigenen Stress zu reduzieren. Schlafen Sie mehr. Atmen Sie tief durch. Treiben Sie mehr Sport. Schaffen Sie sich Auszeiten. Geschrei ist oft auf einen Mangel an Zeit für sich selbst zurückzuführen – Zeit, in der Sie Dinge verarbeiten und bessere Reaktionsmöglichkeiten finden können.

Wenn Sie das Gefühl haben, dass Sie im nächsten Augenblick explodieren werden, holen Sie tief Luft. Gehen Sie in ein anderes Zimmer und gönnen Sie sich eine Auszeit. Wenn Sie den Stab an Ihren Partner weitergeben können, tun Sie es. Versuchen Sie, sich in Bezug auf Ihre Werte (nicht schlagen, nicht brüllen usw.) mit ihm einig zu sein, und vertreten Sie Ihre Regeln und Werte gemeinsam und mit Nachdruck. Diese Allianz ist wichtig. Sie ist auch insofern hilfreich, als Sie sich bei drohenden Ausbrüchen leichter gegenseitig im Zaum halten können. Wenn einer von Ihnen an seine Grenze kommt und kurz davor ist, die Kontrolle zu verlieren, sollte er den Partner auffordern, zu übernehmen. Sie werden innerhalb kurzer Zeit erleben, dass auch Ihre Kinder ruhiger werden, wenn Sie ruhig und gelassen bleiben.

Tipps zum Coolbleiben

1. **Setzen Sie das Verhalten nicht mit dem Kind gleich.**
   Es gibt kein schlechtes Kind, nur schlechtes Benehmen. Und schlechte Erziehung.

2. **Vermeiden Sie Machtkämpfe.**
   Wenn Sie nicht nach Machtkämpfen suchen, finden Sie auch keine. Streben Sie immer eine Win-win-Situation an und keinen einseitigen Sieg.

3. **Geben Sie nicht dem Kind die Schuld.**
   Übernehmen Sie die Verantwortung für sich selbst, und versuchen Sie, es das nächste Mal besser zu machen.

4. **Betrachten Sie Kinder als von Natur aus gut.**
   Kinder sollen Grenzen und Regeln austesten. Sie sind nicht schlecht und manipulativ. So entwickeln sie sich weiter.

5. **Lehren Sie Ihre Kinder etwas.**
   Leiten Sie sie an, fördern Sie sie und erziehen Sie sie. Sehen Sie Erziehung nicht nur unter dem Gesichtspunkt von Strafe und Disziplin. Suchen Sie nach anderen Möglichkeiten, mit schwierigem Verhalten umzugehen. Bezeichnen Sie Kinder nicht als »raffiniert« oder »manipulativ« oder »schrecklich«. Wörter machen den Unterschied.

6. **Deuten Sie um.**
   Finden Sie ein besseres Skript für Ihre Kinder und andere Menschen. Zu lernen, wie man umdeutet, und es auch den Kindern beizubringen macht alle verständnisvoller und glücklicher.

7. **Denken Sie daran: Es kommt alles zu Ihnen zurück.**
   Gutes schafft Gutes. Schlechtes schafft Schlechtes. Kontrollverlust erzeugt Kontrollverlust. Und Ruhe erzeugt Ruhe.

8. **Beziehen Sie Ihren Partner mit ein.**
   Studien haben gezeigt, dass schon *ein* Partner, der den autoritativen (nicht autoritären) Erziehungsstil anwendet und cool bleibt, einen großen Unterschied bewirken kann. Aber zwei sind natürlich noch besser!

9. **Überprüfen Sie Ihre Ultimaten.**
   Notieren Sie alle Ultimaten, die Sie regelmäßig Ihren Kindern stellen. Haben sie Ähnlichkeit mit denen, die Ihre Eltern Ihnen gestellt haben? Wie können Sie etwas Positiveres daraus machen?

10. **Denken Sie immer an das Alter Ihres Kindes.**
    Was können Sie von Ihrem Kind seinem Alter entsprechend erwarten (Zone der nächsten Entwicklung)? Jedes Alter hat in dieser Hinsicht ein »Thema«. Kinder sind keine kleinen Erwachsenen.

11. **Lassen Sie alle Arten von Gefühlen zu.**
Akzeptieren Sie die Gefühle Ihres Kindes, ob sie Ihren Erwartungen entsprechen oder nicht. Es ist egal, was andere Leute von der Stimmung Ihres Kindes halten. Jeder hat mal einen schlechten Tag, auch Kinder. Indem Sie nicht darauf herumreiten, lenken Sie weniger Aufmerksamkeit darauf und stärken die Fähigkeit des Kindes zur Selbstregulierung.

12. **Nehmen Sie Protest ernst.**
Denken Sie daran, dass Protest eine Kommunikationsform ist. Er kann auch ein Zeichen wachsender Unabhängigkeit sein. Wertschätzen Sie ihn als das, was er ist, statt ihn nur als schreckliches Ärgernis zu betrachten.

13. **Sehen Sie schlechtes Benehmen im Zusammenhang.**
Hat es Veränderungen im Leben Ihres Kindes gegeben, die zu einer Änderung seines Verhaltens geführt haben können?

14. **Kennen Sie Ihre Trigger.**
Es ist wichtig zu wissen, was einen zum Ausrasten bringt. Wo ist der Punkt, an dem Sie die Kontrolle verlieren, und was können Sie tun, um sich selbst zu bremsen, wenn Sie an diesen Punkt kommen? Brauchen Sie mehr Schlaf oder Ruhepausen oder Sport? Hören Sie auf Ihre eigenen Bedürfnisse und bitten Sie andere um Unterstützung.

15. Hören Sie gut zu.

Zeigen Sie Ihrem Kind, dass Sie ihm zuhören. Wenn es beispielsweise um etwas bittet, ist es wichtig, ihm zu zeigen, dass es gehört und verstanden wurde – auch wenn Sie seinen Wunsch nicht erfüllen können oder wollen. Wiederholen Sie die Bitte, damit Ihr Kind weiß, dass Sie es gehört haben. »Ich habe gehört, dass du einen Lutscher willst, aber ...« Erklären Sie Ihrem Kind, warum etwas nicht möglich ist. Lehren Sie Respekt, seien Sie respektvoll, und Sie werden mehr respektiert werden.

7.

»K« steht für kuscheliges Zusammensein (*hygge*)

»Aus guten Teams werden großartige, wenn die Mitglieder sich genug vertrauen, um das ›ich‹ dem ›wir‹ unterzuordnen.«
PHIL JACKSON

Als Jessica vor 13 Jahren die Familie ihres Mannes kennen lernte und einige Zeit mit ihr verbrachte, war diese Erfahrung, gelinde gesagt, überwältigend. *At hygge sig* oder *hygge* (wie »hügge« ausgesprochen), was wörtlich so viel wie »gemütlich zusammen rumhängen« bedeutet, war der Lebensstil der Familie. Gemütliches Beisammensein bedeutete Kerzenlicht, Spiele, schöne Mahlzeiten, Kuchen und Tee und einfach Geselligkeit in angenehmer Atmosphäre. Diese sehr große Familie traf sich tagelang, um fast ohne Pause miteinander herumzuhängen. Jessica fand diese Gruppenzusammenkunft anfangs etwas befremdlich, aber nachdem sie das Phänomen nun 13 Jahre lang studiert hat, konnte sie schließlich das Geheimnis von *hygge* lüften.

Jessicas amerikanische Familie war völlig anders. Ihre Verwandten konnten nur eine begrenzte Zeit miteinander verbringen, bevor sie eine Pause brauchten. Sie taten das respektvoll, wussten aber auch, dass es Teil ihres Lebensstils war, sich Pausen voneinander zu gönnen und allein etwas zu machen. Längere Zeit ohne Unterbrechung miteinander herumzuhängen, wäre ihnen beinahe wie eine Verletzung ihrer Grundrechte als freie Amerikaner vorgekommen. Es klang in ihren Ohren auch wie ein Rezept für Streit und Unheil. Jessica konnte nicht verstehen, wie die dänischen Familien so viel Zeit miteinander verbringen konnten, ohne dass übereinander gelästert wurde. Wenn Geschwister und andere Verwandte anwesend waren, musste doch irgendjemand Probleme oder zumindest eine neurotische Tendenz haben, über die man sich den Mund zerreißen konnte. Bei den Dänen schien es sehr wenig Negativität und keine Klagen zu geben, und trotz der vielen Teilnehmer lief bei den Familientreffen alles unkompliziert und harmonisch ab. Wie um alles in der Welt funktionierte das?

Konnte dieses kuschelige Beisammensein dazu beitragen, dass die Dänen immer wieder als die glücklichsten Menschen der Welt eingestuft wurden? Die Antwort darauf ist ein eindeutiges Ja!

Wissenschaftliche Untersuchungen haben gezeigt, dass einer der Hauptfaktoren im Hinblick auf Wohlbefinden und Zufriedenheit wertvolle Zeit ist, die man mit Freunden und Angehörigen verbringt. In unserer modernen Welt scheint das nicht immer möglich, aber der dänische Lebensstil integriert *hygge* mühelos in den Alltag.

Hygge als Lebensstil

Das Wort *hygge* geht auf das 19. Jahrhundert zurück und ist von dem germanischen Wort *hyggja* abgeleitet, das »sich zufrieden fühlen« bedeutet. Es ist eine Tugend, eine Stimmung oder ein Gemütszustand. *Hygge* ist etwas, mit dem sich die Dänen sowohl im Sein als auch im Tun identifizieren – es ist ein grundlegender Teil ihrer Kultur.

Da die Dänen *hygge* als Lebensstil betrachten, bemühen sich alle, das gemütliche Beisammensein mit Angehörigen und Freunden oft möglich zu machen. Beispielsweise sorgen sie in der Weihnachtszeit alle gemeinsam dafür, maximale Gemütlichkeit und Geborgenheit zu schaffen. Das ist echte Teamarbeit. Dazu gehören Dinge wie eine warme Atmosphäre mit Kerzen und gutem Essen, aber auch die Art des Umgangs miteinander. Man hilft einander, damit nicht einer oder wenige das Gefühl haben, die ganze Arbeit allein machen zu müssen. Ältere Kinder werden dazu angeregt, mit den jüngeren zu spielen und ihnen zu helfen. Man spielt Spiele, bei denen alle mitmachen können, und alle lassen sich darauf ein – auch wenn sie vielleicht gerade keine besondere Lust dazu haben. Nicht mitzuspielen wäre nicht *hygelligt*, es wäre »ungemütlich«. Man versucht, bei diesen Anlässen seine persönlichen Probleme außen vor zu lassen, positiv zu sein und Unstimmigkeiten zu vermeiden, weil man diese angenehme gemeinsame Zeit wertschätzt und will, dass sie genau das ist. Es gibt genug andere Gelegenheiten, um sich wegen allerlei Stressfaktoren Sorgen zu machen. Glück empfinden wir, wenn wir diese Dinge außen vor lassen und mit geliebten Menschen ganz im Augenblick leben. Für die Dänen ist eine gemütliche, schöne gemeinsame Erfahrung das höchste Ziel, und das ist ein tolles Vorbild für unsere Kinder.

Sich mit anderen Menschen verbunden zu fühlen gibt unserem Leben Sinn und Zweck, und deshalb messen die Dänen *hygge* so viel Wert bei. Auch der Einzelne wird hoch geschätzt, aber ohne die Interaktion mit anderen und ohne ihre Unterstützung kann keiner von uns wirklich als ganzer Mensch glücklich sein.

Sich mit anderen Menschen verbunden zu fühlen gibt unserem Leben Sinn und Zweck.

Der Geist des Individualismus

Diese Vorstellung von Verbundenheit hat wenig mit dem Geist des Individualismus zu tun, der einen Großteil unserer Identität ausmacht. Die USA etwa wurden auf der Philosophie des unabhängigen Individuums aufgebaut. Wir brauchen die anderen nicht wirklich, wenn wir stark genug sind, es allein zu schaffen. Warum sollten wir uns auf Unterstützung von außen verlassen, wenn wir auch allein zurechtkommen? Wir glorifizieren die Leistung und Selbstverwirklichung des Einzelnen mit Begriffen wie »Self-made Man« und verherrlichen den »Helden« in allen Lebensbereichen, von der Politik über das Soziale bis hin zum Sport. Wenn man sich Sportreportagen anhört, geht es selten um Teamarbeit, sondern meistens um Einzelleistungen, zum Beispiel eines berühmten Football- oder Basketballspielers.

Es geht um den Star, der aus der Menge heraussticht. Die Menschen, die diesem Star zuarbeiten und seinen Erfolg ermöglicht haben, verblassen oft im Hintergrund. Am meisten bewundern wir die harte Arbeit und das Überleben des Stärksten. Wir werden dazu erzogen, diesem Star, diesem Sieger nachzueifern. Der weltbekannte Kulturpsychologe Geert Hofstede gelangte in einer sehr berühmten Studie über kulturelle Unterschiede zu der Schlussfolgerung, dass in den USA das weltweit höchste Maß an Individualismus herrscht. Es ist unglaublich: Wir sind so sehr darauf programmiert, an das »Ich« zu denken, dass wir uns dessen wahrscheinlich nicht einmal bewusst sind.

Damit soll nun keineswegs gesagt sein, dass es in den USA nicht auch einen starken Gemeinschaftssinn gibt. Es geht lediglich darum, hervorzuheben, dass wir in kultureller Hinsicht mehr auf individualistisches Denken geprägt sind. Beispielsweise ist es viel normaler, bei einer Familienzusammenkunft darüber zu reden, wie man sich selbst fühlt, als darüber, wie sich die Gruppe fühlt. Wir reden über Dinge wie »meine Zeit« oder »meine Bedürfnisse«.

Außerdem kann man sagen, dass die meisten von uns wohl gern »Gewinner« wären. Und wir wollen auch, dass unsere Kinder Gewinner sind oder zumindest in einer Sache als die Besten herausstechen. Das ist bei uns ziemlich normal. Wer würde das nicht wollen? Man muss sich nur die Zahl der Preise anschauen, die heutzutage an Schulen für alle möglichen Dinge vergeben werden: Ob es um den albernsten Witz, das hübscheste Lächeln oder den besten Seilspringer geht – wir streben alle danach, für etwas Anerkennung zu bekommen. Das ist gewissermaßen in den Stoff unserer Kultur eingewebt.

Aber wie viele von uns würden einen Pokal für die »größte Harmonie in der Gruppe« vergeben? Wie viele würden den Erfolg unserer Kinder nicht daran messen, wie gut sie gespielt haben, sondern daran, wie gut sie andere Kinder beim Spiel unterstützt haben?

Glück entsteht, wenn aus »Ich« »Wir« wird

Das Konzept des gemütlichen Zusammenseins hat viele Implikationen, aber im Wesentlichen bedeutet es, sich selbst zugunsten des Ganzen zurückzunehmen. Es bedeutet, das Drama außen vor zu lassen und persönliche Bedürfnisse und

Wünsche hintenanzustellen, um das Zusammensein angenehmer und friedlicher zu gestalten. Das ist eine bereichernde, beglückende Erfahrung, die man an seine Kinder weitergeben kann. Kinder fühlen sich nicht wohl, wenn Erwachsene streiten, Negativität ausstrahlen oder die Gruppe spalten. Kinder haben es sehr gerne in der Familie gemütlich und kuschelig! Und wenn sie *hygge* lernen, können sie es eines Tages auch an ihre Kinder weitergeben.

Es gibt eine berühmte Fabel, die dieses Konzept wunderbar illustriert: In der Hölle gibt es einen langen, festlich gedeckten Tisch mit wunderbarem Essen und Wein, aber die Szene fühlt sich kalt an. Die Menschen am Tisch sind blass und ausgezehrt, und der Raum ist von Weinen und Schreien erfüllt. Anstelle von Armen haben die Menschen lange Stöcke, mit denen sie das Essen nicht zu ihrem Mund führen können. Alles Bemühen ist vergeblich. Trotz des reich gedeckten Tischs verhungern sie.

Im Himmel sind die Grundvoraussetzungen dieselben. Auch hier gibt es den langen, festlich gedeckten Tisch, aber an diesem Tisch sitzen fröhliche, lachende Menschen. Sie singen und essen. Die Atmosphäre ist warm und lebendig, und alle genießen das Essen, den Wein und die Gesellschaft der anderen. Auch hier haben die Menschen lange Stöcke anstelle von Armen. Aber statt vergeblich zu versuchen, sich selbst das Essen zum Mund zu führen, füttern sich die Menschen gegenseitig. Die Moral von der Geschichte: Wenn jeder statt dem »Ich« das »Wir« sieht, wird die Hölle zum Himmel.

Teamarbeit in Dänemark

In Dänemark arbeiten Kinder von klein auf an Gruppenprojekten, damit sie lernen, anderen zu helfen, Teams zu bilden und zusammenzuarbeiten. Den Kindern wird beigebracht, die Stärken und Schwächen anderer zu erkennen, zu sehen, wie sie anderen helfen können. Die Dänen halten herausragende Schüler zur Bescheidenheit an, damit sie Empathie zeigen und sich um andere, vielleicht schwächere Mitschüler kümmern. Nur an sich selbst zu denken ist nicht *hyggeligt*. Die Dänen sind auf der ganzen Welt dafür bekannt, angenehme Arbeitskollegen und sympathische Menschen zu sein. Das liegt daran, dass sie hervorragende Teamplayer sind. Sie helfen anderen, sich selbst zu helfen, und bleiben auch als »Stars« bescheiden.

Nur an sich selbst zu denken ist nicht *hyggeligt*.

Auch gemeinsame Freizeitaktivitäten spielen im dänischen Alltagsleben eine große Rolle. Dieses sogenannte *foreningsliv* (oder »Vereinsleben«) basiert auf gemeinsamen Hobbys oder Interessen. Die Zielsetzung ist entweder wirtschaftlicher, politischer, akademischer oder kultureller Natur. Die Funktion dieser Gruppen kann darin bestehen, etwas in der Gesellschaft zu verändern (wenn es sich beispielsweise um eine politische Vereinigung handelt) oder Aktivitäten nachzugehen, die die sozialen Bedürfnisse der Mitglieder erfüllen, wie beispielsweise im Falle eines Chors oder Bridgeclubs. Statistiken zeigen, dass rund 80 Prozent der dänischen Unternehmer noch vor dem 30. Lebensjahr in einem Verein aktiv waren. Die große Mehrheit der Manager mit Vereinserfahrung sind der Meinung, dass diese Jahre des Engagements ihre sozialen (94 Prozent) und kommunikativen Kompetenzen (92 Prozent) sowie ihre soziale Vernetzung (88 Prozent) gefördert haben. Und 99 Prozent der dänischen Führungskräfte glauben, dass die Teilnahme an diesen freiwilligen Aktivitäten die beruflichen Kompetenzen junger Menschen fördert.

Dieser Team- und Kooperationsgeist zeigt sich in allen Bereichen des dänischen Lebens – von der Schule über den Arbeitsplatz bis hin zum Familienleben. Auch die Familie als Team zu sehen erzeugt ein tiefes Zusammengehörigkeitsgefühl. Gemeinsam zu kochen, zu putzen und die Gesellschaft der anderen zu genießen fördert im Alltag das Wohlbefinden aller Familienmitglieder.

Singen und *hygge*

Eine weitere interessante Art, wie die Dänen *hygge* praktizieren, ist ihre Liebe zum Gesang. Ob Weihnachtsessen, Geburtstag, Taufe oder Hochzeit – man wird sie bei jedem festlichen Anlass singen hören.

Die Liedtexte werden oft speziell für den jeweiligen Anlass (um)geschrieben, als Handouts verteilt und zu einer populären Melodie gesungen. Diese selbst gedichteten Texte sind meistens sehr lustig, und alle haben viel Spaß dabei, wenn sie sie beim Singen zum ersten Mal lesen. Ansonsten stammen die Lieder oft auch aus einem traditionellen Liederbuch namens »Højskolesangbogen«. Die dänische Gesangstradition geht auf die Feste des Adels im späten Mittelalter zurück, wurde aber im Lauf der Zeit in allen Gesellschaftsschichten kultiviert und ist jetzt verbreiteter denn je.

Nick Stewart von der Oxford Brookes University hat eine Studie zu Chorsängern durchgeführt und festgestellt, dass das gemeinsame Singen Menschen nicht nur glücklicher macht, sondern ihnen auch das Gefühl gibt, einer sinnvollen Gruppe anzugehören. Die synchronisierte Bewegung und Atmung beim Singen erzeugt ein starkes Gefühl der Verbundenheit. Weitere Studien haben gezeigt, dass Chorsänger beim Singen sogar ihren Herzschlag synchronisieren. Beim gemeinsamen Singen wird das Glückshormon Oxytocin freigesetzt, das Stress reduziert und Gefühle des Vertrauens und der Bindung verstärkt. Man muss den Chorgesang nur einmal ausprobieren, um diese starke Wirkung zu erleben (sobald man sich nicht mehr komisch dabei vorkommt).

Soziale Bindungen sind gesund

Der Glückspegel der Dänen ist nicht der einzige Beweis für die Wirksamkeit des Zusammenseins und *hyggeliger* Bindungen. Das ist wissenschaftlich erwiesen. Forscher an der Brigham Young University und der University of North Carolina in Chapel Hill haben Daten aus 148 Studien zum Zusammenhang von

Gesundheit und sozialen Bindungen ausgewertet. Insgesamt zeigten diese Studien, die sich auf mehr als 300 000 Männer und Frauen in den Industrieländern bezogen, dass Menschen mit schwachen sozialen Bindungen durchschnittlich ein um 50 Prozent höheres Risiko hatten, etwa 7,5 Jahre früher zu sterben als Menschen mit starken sozialen Bindungen. Dieser Unterschied in der Lebenserwartung entspricht in etwa der von Rauchern und Nichtrauchern. Und das Risiko ist höher als jedes andere Gesundheitsrisiko, das mit bekannten Lebensstilfaktoren, wie Bewegungsmangel und Übergewicht, in Verbindung gebracht wird.

Bei einem weiteren berühmten Experiment zum Thema Gesundheit und soziale Bindungen setzte Sheldon Cohen von der Carnegie Mellon University Hunderte gesunder Probanden, die einen Fragebogen zu ihrem Sozialleben ausgefüllt hatten, dem Erkältungsvirus aus und stellte sie dann mehrere Tage unter Quarantäne. Dabei zeigte sich, dass die Probanden mit ausgeprägteren sozialen Bindungen nicht so anfällig für eine Erkältung waren wie die Probanden, die eher isoliert lebten.

Das Immunsystem von Menschen mit vielen Freunden funktionierte offensichtlich besser. Sie konnten das Erkältungsvirus wirksamer abwehren – oft ganz ohne Symptome. Da Stresshormone die Immunreaktion beeinträchtigen, ist es naheliegend, dass ein intensives Sozialleben dem Immunsystem hilft, weil es physiologischen Stress reduziert.

Eine Forschungsgruppe in Chicago untersuchte diesen Effekt und bestätigte ihn. Soziale Unterstützung unterstützt tatsächlich das Stressmanagement. Wenn wir wissen, dass es

Menschen gibt, mit denen wir in schwierigen Zeiten reden oder die wir um Hilfe bitten können, fällt es uns leichter, die Herausforderungen des Lebens zu bewältigen, ohne zusammenzubrechen. Wir sind resilienter. Sich gegenüber einem anderen Menschen verletzlich zu zeigen verringert die Stressbelastung, der wir ausgesetzt sind. Viele Menschen bemühen sich, immer stark zu sein, und fressen ihre Sorgen und Probleme in sich hinein. Aber wissenschaftliche Untersuchungen haben gezeigt, dass Menschen, die bei tragischen Ereignissen in ihrem Leben hart zu bleiben versuchen, viel länger leiden als diejenigen, die ihre Gefühle mitteilen und sich gegenüber anderen verletzlich zeigen.

Gemeinsamer Start ins Familienleben

Die beruhigende Wirkung der Gemeinschaft zeigt sich besonders bei jungen Müttern, die unter einem unglaublichen Stress stehen, während sie sich in ihre neue Rolle hineinfinden müssen. Die Kombination aus Schlafmangel und all den Aufgaben, die junge Eltern zu erfüllen haben, kann erdrückend sein. Doch Studien zeigen, dass junge Mütter in dieser schwierigen Phase oft dazu neigen, die soziale Unterstützung zu reduzieren, statt sie zu steigern. Das ist paradox, weil es die Situation ja eigentlich noch schlimmer macht. Unterstützung durch Freunde, Angehörige und Elterngruppen hilft jungen Müttern nachweislich, Stress besser zu bewältigen und somit auch ihre Kinder in einem positiveren Licht zu sehen. Dadurch erhöht sich die Lebensqualität aller Beteiligten, besonders die des Kindes. Je mehr soziale Unterstützung sich Eltern suchen, desto gesünder und glücklicher wird das Baby heranwachsen.

Wenn in Dänemark eine Frau entbindet, wird eine örtliche Hebamme darüber informiert, die die Wöchnerin dann innerhalb der ersten Woche kontaktiert, um nachzusehen, ob es ihr und ihrem Baby gut geht. Noch wichtiger ist, dass die Hebamme ihr auch die Namen und Kontaktdaten aller anderen Frauen in der Nachbarschaft gibt, die auch gerade ein Kind zur Welt gebracht haben, sowie Informationen dazu, ob es sich um das erste, zweite oder dritte Kind handelt, damit die Mütter gut zusammenpassen. Die Frauen finden sich dann in Gruppen zusammen und treffen sich einmal pro Woche, um Erfahrungen auszutauschen und sich gegenseitig zu helfen. Die anderen Mütter in der Gruppe fungieren auch als »Patinnen« und kümmern sich, wenn eine Frau nicht beim Treffen erscheint. Sie rufen sie an oder besuchen sie zu Hause, um sich zu vergewissern, dass alles in Ordnung ist und dass sie Kontakt zu anderen Menschen hat, mit denen sie sich austauschen kann.

Diese Müttergruppen sind in einer schwierigen Zeit eine wichtige Unterstützung und spielen für junge Mütter in Dänemark eine zentrale Rolle. Sie helfen ihnen und ihren Babys, sich glücklich und sicher zu fühlen.

Die dänische Art, *hygge* zu praktizieren

Nun war schon viel von sozialer Unterstützung, Verbundenheit und der Bedeutung von *hygge* die Rede. Bei der folgenden persönlichen Erfahrung von Jessica geht es um den Augenblick, in dem sie verstanden hat, was es wirklich bedeutet.

Es war ein schöner, sonniger Tag. Jessica lag im Garten ihrer Schwägerin mit ihrem Mann in der Hängematte unter einem großen Pflaumenbaum. Ihr Sohn und ihre Tochter hatten sich zwischen sie gekuschelt. Sie waren eingewickelt wie ein hin- und her schwingender Burrito, der eine mit offenen, der andere mit geschlossenen Augen. Jessica stieß sich mit einem Fuß, der aus der Hängematte heraushing, am Boden ab, um die Schaukelbewegung in Gang zu halten. Der Wind rauschte in den Bäumen. Wärmende Sonnenstrahlen fielen durch die Blätter des Baumes und bildeten tanzende Muster auf ihren Gesichtern. Es war eine Kombination aus Berührung, den Geräuschen der warmen Natur und dem Duft des weichen Haars ihres kleinen Sohnes. Jessica konnte seinen Herzschlag spüren, die Wärme des Beins ihres Mannes neben ihrem. Sie hielt den Fuß ihrer Tochter, die still zusammengerollt dalag. Sie waren alle zusammen.

»Ah, ich sehe, dass ihr Familien-*Hygge* genießt«, sagte ihre Schwägerin, als sie zu ihnen kam, um sie zum Mittagessen zu rufen. Und das war, nach 13 Jahren mit ihrem dänischen Ehemann, *hygge* auf den Punkt gebracht, dachte Jessica.

Es ist sowohl ein Gefühl als auch eine Art des Seins. Es hebt alle sonstige Verwirrung und Hysterie auf. Es bedeutet, sich bewusst dafür zu entscheiden, die wichtigsten, bedeutsamsten Momente unseres Lebens – die Momente mit unserer Familie und unseren Freunden – zu genießen und sie als wichtig zu würdigen. Es bedeutet, sie einfach zu gestalten, eine positive Atmosphäre zu schaffen und unsere Probleme außen vor zu lassen. Es bedeutet, in diesen Augenblicken präsent zu sein, sich dafür zu entscheiden, zu einem kuscheligen Beisammensein beizutragen. Bei einer großen Familie ist dazu eine gewisse Anstrengung erforderlich, weil es, wie bei allen Teamprojekten, bedeutet, gemeinsam auf ein Ziel hinzuarbeiten. Es ist das Gegenteil davon, ein Individuum zu sein und sich von der Masse abzuheben. Jeder muss es wollen und respektieren. Und jeder muss seinen Teil dazu beitragen.

Tipps für Verbundenheit und hygge

1. **Den *Hygge*-Eid ablegen**
   Schließen Sie bei der nächsten Zusammenkunft einen Pakt mit der ganzen Familie, nicht nur über das »Ich« nachzudenken und zu reden, sondern über das Zusammensein im Augenblick, und dazu beizutragen, dass alles ohne Streit und Konflikte abläuft. Sie finden den *Hygge*-Eid am Ende dieses Kapitels und können ihn auch unter thedanishway.com ausdrucken.

2. **Zusammen den Augenblick erleben**
   Jeder sollte sich dazu bereiterklären, seine alltäglichen Stressfaktoren vor der Tür zu lassen. Konzentrieren Sie sich nicht auf die schlechten Dinge in Ihrem Leben oder im Leben anderer Menschen. Das gemeinsame Ziel ist es, mit

den anderen zusammen einfach nur den Augenblick zu genießen. Die Kommunikation sollte lebhaft und herzlich und nicht anklagend sein. Kinder ahmen dieses Verhalten nach und fühlen sich dabei sicher und wertgeschätzt.

3. **Sich auf das Treffen einstellen**
   Bereiten Sie sich und Ihre Familie auf ein Treffen vor, damit Sie das Beste daraus machen können. Versuchen Sie, sich die bevorstehende Erfahrung auszumalen, und denken Sie dann über Strategien nach (oder sprechen Sie darüber), die Ihnen helfen, während des Treffens ruhig und entspannt zu bleiben. Denken Sie daran, dass stressfreie Zusammenkünfte mit der Familie das Wohlbefinden deutlich steigern. Wir sind in unserem Umgang mit manchen Angehörigen oft festgefahren und voreingenommen. Ändern Sie Ihre Einstellung, indem Sie Empathie, Umdeuten und vorbereitendes Umdeuten anwenden.

4. **Zusammen Spaß haben**
   Wenn die ganze Familie Zeit miteinander verbringt, spielen Sie drinnen und draußen Spiele, bei denen alle mitmachen können. Schieben Sie Ihre persönlichen Präferenzen beiseite und lassen Sie sich einfach auf die gemeinsame Aktivität ein.

5. **Gemütlichkeit schaffen**
   Schaffen Sie eine gemütliche Atmosphäre mit warmer Beleuchtung, selbstgemachter Deko aus natürlichen Materialien und gemeinsam zubereiteten Speisen und Getränken.

6. Keine Klagen

Wann immer Sie den Drang verspüren, sich zu beklagen, überlegen Sie stattdessen, wo Sie helfen können. Wenn sich alle darauf einigen, kann schon das allein die Zufriedenheit in der Familie erheblich steigern.

7. Stress umdeuten

Umdeuten ist ein hoch wirksames Werkzeug. Alles lässt sich umdeuten. Der Apfelkuchen ist aufgeweicht? Dann essen ihn eben alle als Dessert mit dem Löffel! Das Fußballspiel muss wegen Regen ausfallen? Zeit für ein Monopoly-Turnier in der Familie! Denken Sie daran, dass Sie diese Haltung an Ihre Kinder weitergeben und es ihnen so erleichtern, mit ihren eigenen stressbedingten Reaktionen umzugehen.

8. Die kleinen Freuden schätzen

Wir besitzen viel zu viel Spielzeug (sowohl für Erwachsene als auch für Kinder), das die kleinen Freuden, wie das Rauschen des Windes in den Bäumen und die lustigen Dinge, die unsere Kinder jeden Tag tun, übertönt. Solche Ablenkungen führen uns von *hygge* weg, wo es darum geht, das Einfache und Natürliche wertzuschätzen. Halten Sie die Dinge einfach.

9. Präsent sein

Schalten Sie Computerspiele, Fernseher, iPhones und iPads aus. Diese Dinge sollten bei Familienzusammenkünften vermieden werden, damit auch die Kinder präsenter zusammen sein können. Schlagen Sie stattdessen gemeinsame Spiele vor.

10. Verbunden sein

Machen Sie es zu einem festen Ritual in Ihrer Familie, eine gemütliche Zeit miteinander zu verbringen. Wenn Ihre Kinder *hygge* lernen, werden sie es weitergeben, wodurch die Verbundenheit und der Zusammenhalt in der Familie insgesamt gestärkt werden.

11. Zum Spielen anregen

Laden Sie die älteren Kinder ein, mit den jüngeren »im realen Leben«, also nicht auf einem elektronischen Gerät, zu spielen. Geben Sie ihnen Farben oder lassen Sie sie draußen spielen. Achten Sie darauf, dass die Familienspielzeit technikfrei ist (oder dass der Technikeinsatz zumindest auf bestimmte Zeiten beschränkt ist).

12. Ein gutes Team sein

Organisieren Sie mehr gemeinsame Aktivitäten für die Kinder, um sie zur Kooperation anzuregen und ihre Teamfähigkeit zu stärken. Organisieren Sie Schnitzeljagden, einen gemeinsamen Festungsbau oder sportliche Turniere, bei denen die Kinder nur im Team erfolgreich sein können. Seien Sie kreativ.

13. Probleme teilen

Wenn Sie niedergeschlagen sind oder sich in einer schwierigen Lage befinden, vertrauen Sie sich guten Freunden und Angehörigen an. Denken Sie daran, dass dadurch Stress reduziert und schneller bewältigt wird. Wenn die schwierige Situation ausgestanden ist, sprechen Sie in einer einfachen Sprache mit Ihren Kindern darüber, wie andere Ihnen dabei geholfen haben.

14. Ein Mütternetzwerk knüpfen

Suchen Sie Kontakt zu anderen Müttern in Ihrer Nachbarschaft und bauen Sie ein Mütternetzwerk auf. Diese Art von Unterstützung hat sich schon oft als extrem hilfreich erwiesen. Die Gemeinschaft hilft den Müttern, die täglichen Herausforderungen zu bewältigen und auch ihre eigenen Kinder positiver zu sehen.

15. Als Familie ein Team sein

Ermutigen Sie alle, sich für das Familienteam einzusetzen, statt nach dem Grundsatz »Jeder ist sich selbst der Nächste« zu handeln. Zeigen Sie Ihren Kindern, was sie dazu beitragen können, wie sie helfen und sich an verschiedenen Aktivitäten und Arbeiten beteiligen können. Dieser Geist der Kooperation und Verbundenheit bewirkt, dass alle sich geborgener und glücklicher fühlen.

16. Das alltägliche Beisammensein feiern

Denken Sie daran, dass *hygge* nicht auf große Familienzusammenkünfte beschränkt ist. Es lässt sich auch mit einer oder zwei anderen Personen erreichen. Sie können beispielsweise einen Abend in der Woche zum »*hygge*-Abend« erklären und dabei die in diesem Kapitel vorgestellten Anregungen umsetzen und auch selbst Ideen für mehr Geselligkeit und Gemütlichkeit bei Ihnen zu Hause entwickeln.

17. Miteinander singen

Klingt komisch? Es macht Spaß und ist sehr *hyggeligt*. Warum den Gesang nur auf die Feiertage beschränken? Kinder lieben es einfach, und Erwachsene auch. Also: Trauen Sie sich ruhig!

Der *Hygge*-Eid

H*ygge* ist das dänische Wort für eine besondere Art des Zusammenseins. Stellen Sie sich *hygge* als eine Art Raum vor, in den Ihre Familie eintreten kann. Dieser Raum ist *hyggeliger* (gemütlicher), wenn jeder die *Hygge*-Regeln kennt und sich bemüht, sie umzusetzen. Der *Hygge*-Eid ist etwas, das man vorab diskutieren und auf das man sich einigen kann, sodass alle Teilnehmer, die bei einem Abendessen mit der Familie, einer Grillparty am Wochenende oder einer alltäglichen Familienzusammenkunft in den *Hygge*-Raum eintreten, die Grundregeln kennen. Wenn alle wissen, dass *hygge* angesagt ist, kann jeder Einzelne sich bemühen, zugunsten der ganzen Familie Nähe zu schaffen. Es folgt ein Beispiel für einen *Hygge*-Eid für die Familie. Sie können ihn für Ihren eigenen Haushalt anpassen – und dann kann es losgehen mit dem kuscheligen Beisammensein.

> *Wir vereinbaren, das »Sonntagsessen« in hygge zu verbringen. Wir versprechen, uns als Team gegenseitig zu helfen und eine gemütliche Atmosphäre zu schaffen, in der sich alle geborgen und sicher fühlen.*
>
> *Wir vereinbaren, dass wir versuchen,*
>
> … Handys und iPads auszuschalten.

... den Stress außen vor zu lassen. Es gibt andere Gelegenheiten, um sich auf unsere Probleme zu konzentrieren. *Hygge* bedeutet, einen sicheren Ort zu schaffen, an dem man sich gemeinsam entspannen und den Alltagsstress außen vor lassen kann.

... uns nicht unnötig zu beklagen.

... uns gegenseitig zu helfen, damit keinem zu viel Arbeit aufgebürdet wird.

... drinnen Kerzen anzuzünden.

... Speisen und Getränke bewusst zu genießen.

... keine kontroversen Themen wie Politik anzusprechen. Themen, die zu Streit führen, sind nicht *hyggeligt*.

... lustige, nette und aufmunternde Geschichten über einander zu erzählen.

... nicht anzugeben. Prahlereien können Gruppen auf subtile Weise aufspalten.

... nicht miteinander zu konkurrieren (»Wir« statt »Ich« zu denken).

... nicht schlecht über andere zu reden oder uns auf Negatives zu konzentrieren.

... Spiele zu machen, bei denen alle mitmachen können.

... dankbar zu sein für die Menschen um uns herum, die uns lieben.

Wie geht es weiter?

Und nun stellt sich wieder die Frage: Was genau hat die Dänen 40 Jahre lang auf dem ersten Platz der Glücks-Rankings gehalten? Wie wir in *Warum dänische Kinder glücklicher und ausgeglichener sind* gesehen haben, liegt es ganz einfach an der Art, wie sie ihre Kinder erziehen. Das ist ein Vermächtnis, das immer weitergegeben wird, sich von Generation zu Generation wiederholt und selbstsichere, zentrierte, glückliche und resiliente Erwachsene hervorbringt. Und es kann für jeden funktionieren.

Als Eltern müssen wir zuerst unsere »Standardeinstellungen«, unsere spontanen Denk- und Handlungsweisen, prüfen, damit wir erkennen, wo Veränderungen nötig sind. Uns die Zeit zu nehmen, uns selbst den Spiegel vorzuhalten und zu sehen, welche von unseren eigenen Kindheitserfahrungen wir wiederholen, ist der erste Schritt hin zu wirksamen Veränderungen und einer wirkungsvollen Erziehung.

Sobald wir unsere Standardeinstellungen erkannt haben, liefern uns die **GLUECK**-Prinzipien einfache und wirksame Werkzeuge zur Förderung des Wohlbefindens bei unseren Kindern und bei uns selbst.

Gutes Spielen hilft Kindern, zahlreiche grundlegende Lebenskompetenzen zu entwickeln. Resilienz, Bewältigungs- und Verhandlungskompetenzen und Selbstkontrolle sind nur einige der wertvollen Lektionen, die Kinder beim unstrukturierten Spielen lernen. Hinzu kommt das spielerische Training in

Stressmanagement, wodurch die Wahrscheinlichkeit sinkt, dass sie später als Erwachsene unter Ängsten und Depressionen leiden. Spielen hilft darüber hinaus, eine interne Kontrollüberzeugung sowie Vertrauen in die eigenen Fähigkeiten zu entwickeln.

Lernorientierung entsteht durch prozessbezogenes Lob und fördert innere Sicherheit und Resilienz. Wenn wir, statt leeres Lob zu verteilen oder uns zu sehr auf die Intelligenz der Kinder zu konzentrieren, ihre Anstrengung und ihre Leistung ehrlich loben, ehrlich unsere eigenen Gefühle zum Ausdruck bringen und die Gefühle der Kinder zulassen, helfen wir ihnen, einen starken inneren Kompass zu entwickeln, weil sie lernen, ihren Gefühlen zu vertrauen.

Umdeuten ist eine hochwirksame Methode, um die Wahrnehmungen unserer Kinder – und unsere eigenen – in Bezug auf das Leben zu verändern. Wie wir Menschen, Dinge und Ereignisse bewerten, beeinflusst unsere Gefühle. Realistische Optimisten ignorieren negative Informationen und Tatsachen nicht; sie konzentrieren sich aber auf andere verfügbare Informationen, um eine facettenreichere, liebevollere Geschichte über sich selbst, ihre Kinder und das Leben zu schreiben. Durch Umdeuten können wir unsere Erfahrung der Welt verändern, und das macht uns und unsere Kinder glücklicher. Die Fähigkeit zum Umdeuten an unsere Kinder weiterzugeben ist vielleicht eines der größten Geschenke, die wir ihnen machen können, und es wirkt sich auf ihr Lebensglück und das Glück zukünftiger Generationen aus.

Empathie ist eine wichtige und zutiefst menschliche Eigenschaft. Zwar ist der Grad der Empathie in unserer Gesellschaft gesunken, während der Narzissmus zugenommen hat, aber wissenschaftliche Studien zeigen, dass wir von Natur aus mehr auf Empathie als auf Eigennutz »programmiert« sind. Wenn wir weniger verurteilen, können wir unsere eigene Verletzlichkeit und die anderer Menschen besser verstehen. Dies fördert unsere Verbundenheit mit anderen, lässt uns leichter verzeihen und macht uns glücklicher. Empathie zu praktizieren lehrt unsere Kinder, andere und sich selbst zu respektieren.

Coolbleiben heißt, sich nicht auf Machtkämpfe mit den Kindern einzulassen, die dazu führen können, dass wir die Kontrolle verlieren. Viele Eltern schreien ihre Kinder an oder nutzen körperliche Bestrafungen als Form der Disziplinierung. Wir verlieren die Kontrolle, erwarten aber von unseren Kindern, dass sie es nicht tun. Bei einem autoritären Erziehungsstil werden Vertrauen und Nähe durch Angst ersetzt. Das funktioniert zwar kurzfristig, kann aber langfristig nachteilige Folgen haben. Der dänische, demokratischere Erziehungsstil fördert Vertrauen und Resilienz. Kinder, die sich respektiert und verstanden fühlen und denen geholfen wird, Regeln zu verstehen und zu akzeptieren, entwickeln eine viel bessere Selbstkontrolle und wachsen zu glücklicheren, stabileren Erwachsenen heran.

Mit kuscheliges Zusammensein und *hygge* pflegen wir unsere engsten Beziehungen – und sie sind einer der wichtigsten Faktoren für unsere Zufriedenheit. Wenn wir lernen, *hygge* oder kuschelige Nähe zu praktizieren, können wir Familienzusammenkünfte verbessern und zu angenehmen Erlebnissen und schönen Erinnerungen für unsere Kinder machen. Indem wir das »Ich« vor der Tür lassen und uns auf das »Wir« konzentrieren, können wir viel von der unnötigen Aufregung und

Negativität vermeiden, die oft bei Familientreffen zutage tritt. Glückliche Familien und starke soziale Netzwerke machen Kinder glücklicher.

Vielleicht sind Sie schon mit einigen der in diesem Buch vorgestellten Konzepten vertraut und wenden auch schon ein paar der dänischen Methoden an. Wir sind davon überzeugt, dass Sie auf dem richtigen Weg zur Erziehung glücklicherer Kinder sind, wenn Sie auch nur einige der Methoden aus diesem Buch in Ihren Alltag integrieren. Besuchen Sie thedanishway.com, um noch mehr über den dänischen Erziehungsstil zu erfahren. Dort finden Sie Tipps, Buchempfehlungen und weitere Informationen zum Prinzip G-L-U-E-C-K.

Wir glauben, dass Eltern und Lehrer einander dabei unterstützen können, mit der dänischen Methode glücklichere, resilientere Kinder zu erziehen. Wir brauchen alle Unterstützung. Wenn wir eine Gemeinschaft aufbauen, können wir einige der glücklichsten Menschen der Welt heranwachsen lassen.

Dank

Jessica Joelle Alexander

Ich möchte meiner Mutter und meinem Vater für ihre bedingungslose Liebe danken und dafür, dass sie immer an mich geglaubt haben. Ich danke meiner Schwester für ihre kostbare Liebe und Freundschaft. Meinem Mann und seiner Familie dafür, dass sie mich überhaupt erst dazu inspiriert haben, *Warum dänische Kinder glücklicher und ausgeglichener sind* zu schreiben. Und unseren beiden wunderbaren Kindern, die uns im Leben Orientierung geben.

Und ich danke Iben, ohne deren Unterstützung und Fachwissen dieses Buch niemals Realität geworden wäre.

Iben Dissing Sandahl

Als Erstes möchte ich meinem Mann für seine Liebe und Unterstützung danken.

Ein besonderer Dank geht auch an meine beiden wunderschönen Töchter, ohne die ich nicht der Mensch wäre, der ich heute bin. Ich möchte auch meinen Eltern danken, die mir das Leben geschenkt und mich immer unterstützt haben.

Ich habe das Glück, von intelligenten und interessanten Freunden und Kollegen umgeben zu sein, die zuhören, gute Fragen stellen und mich inspirieren.

Und mein besonderer Dank gilt auch Jessica, die so mutig war, die Initiative zum Schreiben dieses Buchs zu ergreifen.

Anmerkungen und Quellen

Einleitung: Was ist das Geheimnis des dänischen Glücks?

Studie der OECD (Organisation für Wirtschaftliche Zusammenarbeit und Entwicklung). Der Better Life Index der OECD misst das Wohlergehen der Einwohner verschiedener Länder. www.OECD.org.

Der erste *World Happiness Report* (http://www.earth.columbia.edu/articles/view/2960) wurde für die UN-Konferenz zum Thema Glück (»Glück und Wohlbefinden: Definition eines neuen ökonomischen Paradigmas«) in Auftrag gegeben, die im April 2012 stattfand. Als erste Umfrage zum globalen Wohlergehen der Menschen fand er weltweit Interesse. Im *World Happiness Report 2013* (http://unsdsn.org/resources/publications/world-happiness-report-2013/) wurde Dänemark als das Land mit den glücklichsten Bürgern ermittelt. Diese Ehre wurde den Dänen nicht zum ersten Mal zuteil. Schon 1973 richtete die Europäische Kommission ein »Eurobarometer« ein, um etwas über die Bürger der Europäischen Union zu erfahren. Seither werden in den Mitgliedsstaaten alljährlich Umfragen zu Wohlergehen und Glück durchgeführt. Dänemark liegt seit 1973 jedes Jahr an erster Stelle!

»And the Happiest Place on Earth Is …« *60 Minutes*,

14. Februar 2008. http://www.cbsnews.com/news/and-the-happiest-place-on-earth-is/.

»Women Around the World«, Oprah.com, 21. Oktober 2009, http://www.oprah.com/world/Inside-the-Lives-of-Women-Around-the-World.

Kapitel 1: Unsere »Standardeinstellungen« erkennen

Harkness, S., und Super, C. M. »Themes and Variations: Parental Ethnotheories in Western Cultures.« In: *»Parental Beliefs, Parenting and Child Development in Cross-Cultural Perspective.«* Hrsg. Rubin, K. und Chung, O. B. (London: Psychology Press, 2013).

Der Einsatz von Antidepressiva stieg zwischen 2005 und 2008 um 400 Prozent. National Center for Health Statistics. http://www.cdc.gov/nchs/data/data briefs/db76.htm.

Aufmerksamkeitsdefizit ist zu einer Standarddiagnose geworden, die in den USA zwischen 2003 und 2007 um 5,5 Prozent pro Jahr zugenommen hat. http://www.cdc.gov/ncbddd/adhd/data.html/.

In Deutschland stieg laut dem Arztreport 2013 der Barmer GEK die Zahl diagnostizierter Aufmerksamkeits-/Hyperaktivitätsstörungen (ADHS) zwischen 2006 und 2011 von 2,92 auf 4,14 Prozent. Das entspricht einem Zuwachs von 42 Prozent. https://presse.barmer-gek.de/barmer/web/Portale/Presseportal/Subportal/Presseinformationen/Archiv/2013/130129-Arztreport-2013/Content-Arztreport-2013.html.

In den USA wurde bei 5,9 Millionen Kindern im Alter zwischen drei und 17 Jahren die Diagnose Aufmerksamkeitsdefizitstörung gestellt.
http://www.cdc.gov/nchs/fastats/adhd.htm.

Wenn Eltern sich ihres eigenen Verhaltens bewusst sind und bewusste Entscheidungen treffen, ist das der erste Schritt hin zu deutlichen Veränderungen im eigenen Leben.
http://www.boernogunge.dk/internet/boernogunge.nsf/0/7F933F515B65A7B3C1256C64002D2029?opendocument.

Kapitel 2: G steht für gutes Spiel

»Es ist auffallend, dass die Möglichkeiten von Kindern, frei zu spielen, in den USA und anderen Industrienationen in den letzten 50 Jahren kontinuierlich und dramatisch zurückgegangen sind; und dieser Rückgang hat ernste negative Folgen für die körperliche, geistige und soziale Entwicklung von Kindern«, so Gastredakteur Peter Gray, Forschungsprofessor für Psychologie am Boston College. http://www.bc.edu/offices/pubaf/news/2011_jun-aug/petergray_freeplay08252011.html.

Stix, G. »Resilienz und Erfolg.« In: »The Neuroscience of True Grit«, *Scientific American Mind,* 1. März 2011.

Die erste auf einer Erziehungstheorie basierende Pädagogik wurde 1871 von dem Ehepaar Niels und Erna Juel-Hansen entwickelt, das, inspiriert durch Friedrich Fröbel (1782–1852), den ersten Fröbel-Kindergarten gründete. Zum ersten Mal wurde das Spielen in Dänemark ein wichtiger Faktor.

Fröbel hatte erkannt, dass Kinder ihr Spielen aus sich selbst heraus schöpfen und dass das Spiel ein natürlicher Ausdruck bestimmter Bedürfnisse ist. Deshalb erklärte Fröbel das freie Spiel zu einer pädagogischen Methode zur Förderung der Kindesentwicklung. Seitdem wird dem freien Spielen in Dänemark große Bedeutung beigemessen. http://www.bupl.dk/iwfile/BALG-8RQDV8/$file/EnPaedagogiskHistorie.pdf.

Interne oder externe Kontrollüberzeugung: *Wikipedia*, Stichwort »Kontrollüberzeugung«, zuletzt geändert am 7. August 2016, https://de.wikipedia.org/wiki/Kontrollüberzeugung.

Kinder, Erwachsene und Jugendliche, bei denen das mit einer externen Kontrollüberzeugung verbundene Gefühl der Hilflosigkeit auftritt, sind für Ängste und Depressionen prädisponiert. Li, H. C. W., und Chung, O. K. J. »The Relationship Between Children's Locus of Control and Their Anticipatory Anxiety.« In: *Public Health Nursing* 26, Nr. 2 (2009): 153–60.

Eine Studie, die einen Zeitraum von 50 Jahren abdeckt, zeigt zwischen 1960 und 2002 eine Zunahme der externen Kontrollüberzeugung bei Kindern. Twenge, J. M., Zhang, L., und Im, C. »It's Beyond My Control: A Cross-Temporal Metaanalysis of Increasing Externality in Locus of Control, 1960–2002.« In: *Personality and Social Psychology Review* 8, Nr. 3 (2004): 308-19.

Der russische Psychologe Lew Wygotski (1896–1934) erforschte die frühkindliche Entwicklung sowie Strategien zur Erweiterung bestehenden Wissens. In seinem kurzen Leben entwickelte er eine erstaunlich visionäre Lerntheorie. Sein Denken beeinflusst bis heute das Unterrichtsangebot an dänischen Schulen. Daher kann es sehr aufschlussreich sein, sich mit Wygotskis Denken und dessen Umsetzung in Dänemark zu beschäftigen. Besonders bekannt ist er für das Konzept, das er die »Zone der nächsten Entwicklung« nannte. Diese Zone umfasst den Bereich der kindlichen Selbstständigkeit. Laut Wygotski kann das Kind innerhalb dieser Zone Wissen erwerben und kooperieren. Strandberg, L. *»Wygotski I praksis«*, Kopenhagen: Akademisk Forlag, 2009.

Michael White (1948–2008), Begründer der narrativen Therapie, wurde von Lew Wygotskis Konzept der Zone der nächsten Entwicklung beeinflusst. Er entwickelte Karten für fünf Fragen (oder Fragekategorien) umfassende »Gesprächsgerüste«, die ein allmähliches Voranschreiten durch die Zone der nächsten Entwicklung unterstützen. White schreibt über Wygotski: »Bei der Untersuchung der sozialen Kooperation beobachtete er, dass erwachsene Betreuungspersonen das Lernen von Kindern so strukturieren, dass sie sich vom Vertrauten und Eingeübten ausgehend weiterentwickeln. Er beschrieb das Phänomen als eine Bewegung durch eine Lernzone, die er als ›Zone der nächsten Entwicklung‹ bezeichnete. Diese Zone kennzeichnet den Bereich zwischen dem, was Kinder selbstständig lernen und erreichen, und dem, was sie in Kooperation mit anderen lernen und erreichen können.«

White, L. *»Landkarten der narrativen Therapie«*, Carl-Auer, 2010.

Kinder zu früherem Lesen zu drängen bringt keine besseren Ergebnisse. Der renommierte Professor und Entwicklungspsychologe Dr. David Elkind, Autor des Bestsellers *»Das gehetzte Kind«*, erinnert uns daran, dass »es keinen Zusammenhang zwischen frühem Lesen und späterem akademischem Erfolg gibt«. Noch beunruhigender ist die Tatsache, dass Kinder, die schulisch orientierte statt entwicklungsorientierte Kindergärten besucht haben, eher zu Ängsten und einem schwachem Selbstwertgefühl neigen und langfristig keine besseren Leseleistungen zeigen. Druck und Angst sind keine erforderlichen Komponenten einer guten Bildung für Kinder und können langfristig sogar negative Folgen haben. http://www.heyquitpushing.com/why-sooner-inst-better.html.

In Studien mit Rhesusaffen und Hausratten, denen Spielkameraden vorenthalten wurden, zeigten die Tiere exzessive Angst oder unangemessene Aggression. Eine Überprüfung solcher Spielentzugstudien findet sich in LaFreniere P. »Evolutionary Functions of Social Play: Life Histories, Sex Differences, and Emotion Regulation.« In: *American Journal of Play* 3, Nr. 4 (2011): 464-88; Pellis, S. M., Pellis V. C., und Bell, H. C. »The Function of Play in the Development of the Social Brain.« In: *American Journal of Play* 2, Nr. 3 (2010): 278–96.

Tiere, die wenigstens eine Stunde pro Tag mit einem Artgenossen spielen durften, entwickelten sich normaler. Pellis, S. M., und Pellis, V. C. »Rough-and-Tumble Play: Training and Using the Social Brain.« In *The Oxford Handbook of the Development of Play*, Hrsg. Nathan, P., und Pellegrini, A. D., Oxford, UK: Oxford University Press, 2011, 245-59; Broccard-Bell, H. C., Pellis, S. M., und Kolb, B. »Juvenile Peer Play Experience and the Development of the Orbitofrontal and Medial Prefrontal Cortex.« In: *Behavioural Brain Research* 207, Nr. 1 (2010): 7–13.

Wenn das Gehirn von Jungtieren Stress ausgesetzt ist, verändert es sich in einer Weise, die sie weniger stressanfällig macht. Spiele, die den Kampf-oder-Flucht-Instinkt anregen, helfen Kindern, Stressbewältigung zu lernen. Pellis, S. M., und Pellis, V. C. »Rough-and-Tumble Play«; Pellis, S. M., Pellis, V. C., und Bell, H. C., »The Function of Play«.

Menschen, die an Angststörungen leiden, beschreiben den Verlust der emotionalen Kontrolle als eine ihrer größten Ängste. Barlow, D. H. *»Anxiety and Its Disorders: The Nature and Treatment of Anxiety and Panic«*, 2. Aufl., New York: Guilford Press, 2002.

Die Spielfreude von Kindern im Kindergartenalter steht im direkten Zusammenhang mit ihrer Bewältigungskompetenz. Saunders, I., Sayer, M., und Goodale, A. »The Relationship Between Playfulness and Coping Skills in Preschool Children: A Pilot Study.« In: *American Journal of Occupational Therapy* 53, Nr. 2 (1999): 221–6.

Heranwachsende Jungen mit größerer Spielfreude hatten eine höhere Bewältigungskompetenz. Hess, L. M., und Bundy, A. C. »The Association Between Playfulness and Coping in Adolescents.« In: *Physical and Occupational Therapy in Pediatrics* 23, Nr. 2 (2003): 5–17.

Forschungsarbeiten zeigen, dass Jungtiere spielen, um zu lernen, mit dem Unerwarteten umzugehen. Spinka, M., Newberry, R. C., und Bekoff, M. »Mammalian Play: Training for the Unexpected.« In: *Quarterly Review of Biology* 76, Nr. 2 (2001): 141–68.

Kinder lernen, mit Konflikten, Kontrolle und Kooperation umzugehen, um das Spiel aufrechtzuerhalten. LaFreniere, P. »Evolutionary Functions of Social Play«.

Interaktion von Kindern beim Spielen – sie handeln Rollen und Regeln aus. Brostrom, S. »Børns Lærerige Leg«, *Psyke & Logos* 23 (2002): 451–69.

Stig Brostrom ist Pädagoge und hat in frühkindlicher Erziehung promoviert. Er ist außerordentlicher Professor an der dänischen Hochschule für Erziehung an der Universität Aarhus.

Die »Spielpatrouille« existiert aufgrund von Kooperationen zwischen dem Dänischen Schulsport und dänischen Schulen. Der Dänische Schulsport ist eine nationale Sportorganisation, deren Hauptziel darin besteht, Lernen, Gesundheit und Wohlbefinden aller Schüler durch Sport, Spiel und Training zu fördern. »Indem wir in den verschiedenen schulischen Bereichen (unmittelbar vor und nach dem Unterricht, im Unterricht und in den Pausen) Aktivitäten anbieten, geben wir den Schülern (in Kooperation mit den Schulen) Gelegenheit, Freude am Sport und körperlichen Aktivitäten zu erleben. Wir tun dies aufgrund der Überzeugung, dass positive Erfahrungen im Zusammenhang mit körperlichen Aktivitäten die Basis für gute Gewohnheiten bilden. Und das versetzt die Schüler in die Lage, heute und später in ihrem Leben gesunde Entscheidungen zu treffen.« www.legepatruljen.dk.

Die Ausübung von Selbstkontrolle. Wygotski, L. »The Role of Play in Development.« In: *»Mind in Society: The Development of Higher Psychological Processes«*, Hrsg. Cole, M., John-Steiner, V., Scribner, S., und Souberman, E., Cambridge, MA: Harvard University Press, 1978: 92–104.

Lego wurde von der Zeitschrift *Fortune* als »Das Spielzeug des Jahrhunderts« bezeichnet.

Ursprünglich aus Holz, später aus Plastik hergestellt.

www.visitdenmark.dk/da/danmark/design/lego-et-dansk-verdensbrand.

Lernen durch Spielen ist die beste Möglichkeit des Wissenserwerbs für Kinder, meinen zwei dänische Wissenschaftler. Es ist wissenschaftlich erwiesen, dass Kinder am besten beim Spielen lernen, so Pernille Hviid, Professorin für Psychologie, und Bo Stjerne Thomsen, Ph. D. in Architektur und Medientechnologie und Direktor für Forschung und Lernen bei der Lego-Stiftung. Abildlund, A. »Children Can Play Their Way to More Learning in School.« In: *ScienceNordic*, 23. Juni 2014, http://sciencenordic.com/children-can-play-their-way-more-learning-school.

Kompan-Spielplatz. www.kompan.dk.

Sensorisch anregende Umgebungen fördern, in Kombination mit Spiel, das Wachstum der Gehirnrinde. Cardoso, S. H., und Sabbatini, R. M. E. »Learning and Changes in the Brain.« 1997, http://lecerveau.mcgill.ca/flash/capsules/articles_pdf/changes_brain.pdf.

Aus den Leitlinien amerikanischer Kinderärzte geht hervor, dass Spielen gesund ist: »Unstrukturiertes Spielen ist für das sich entwickelnde Gehirn wertvoller als elektronische Medien. Kinder lernen im frühen Alter durch unstrukturiertes, nicht durch digitale Medien beeinflusstes Spielen, kreativ zu denken, Probleme zu lösen sowie logisch zu denken und motorische Fähigkeiten zu entwickeln. Freies Spielen lehrt sie auch, sich selbst zu beschäftigen.« http://www.aap.org/en-us/about-the-aap/aap-press-room/Pages/Babies-and-Toddlers-Should-Learn-from-Play-Not-Screens.aspx.

Weitere Quellen und Anregungen

Hans Henrik Knoop, außerordentlicher Professor an der Dänischen Hochschule für Erziehung an der Universität Aarhus und Leiter der Forschung auf dem Gebiet der positiven Psychologie.
Psychologie und Gehirnforschung zeigen uns, wie die schulische Bildung zu einer spannenden, professionell effizienten und kreativen Erfahrung werden kann. Knoop beschreibt, wie sich der Respekt für Wohlergehen, Wünsche und Bedürfnisse mit Lernen und Kreativität kombinieren lässt. Knoop, H. H. *»Play, Learning, and Creativity: Why Happy Children Are Better Learners«*, Kopenhagen: Aschehoug, 2002.

Pädagogen können mit den Wechselwirkungen von Spiel und Lernen arbeiten – wie das Spielen lehrreich sein kann und wie gezielte Lernaktivitäten in der Natur des Spiels liegen können. Eva Johansson, E., und Samuelsson, I. *»Lærerig leg: børns læring gennem samspil«*, Frederikshavn: Dafolo, 2011.

Spielen und Lernen im Alltag. Larsen, M. S., Jensen, B., Johansson, I., Moser, T., Ploug, N. und Kousholt, D. *»Forskningskortlægning og forskervurdering af skandinavisk forskning i året 2009 i institutioner for de 0–6 årige (førskolen)«* (Bestandsaufnahme und Bewertung skandinavischer Forschung im Jahr 2009 in Einrichtungen für 0- bis 6-Jährige [Kindergarten]), Kopenhagen: Clearinghouse for Uddannelses-forskning, 2011, Nummer 07. https://www.sfi.dk/publikationer/forskningskortlaegning-og-forskervurdering-af-skandinavisk-forskning-i-aaret-2009-i-institutioner-for-de-0-6-aarige-foerskolen-4438/.

Auch Bo Stjerne Thomsen, Direktor für Forschung und Lernen bei der Lego-Stiftung, ist der Meinung, dass Schulen mehr Spiele im Unterricht einsetzen sollten: »Kinder lernen durch Spielen. Sie sind neugierig und erforschen Dinge. So kreieren sie Neues und teilen mit anderen. Es ist wissenschaftlich eindeutig erwiesen, dass Kinder am besten beim Spielen lernen.«

Pernille Hviid, außerordentliche Professorin für Psychologie, betont, dass »Lernen durch Spielen die wichtigste der Grundkompetenzen ist, die Dänisch- und Mathematiklehrer Schülern heute vermitteln können. Das stellt keine Ablehnung herkömmlichen Wissens dar, sondern eine Chance, es mit der Fantasie interagieren zu lassen. Wenn das Realität wird, übernimmt die nächste Generation nicht nur die Gesellschaft, sondern ist auch dafür gerüstet, sie für die Zukunft weiterzuentwickeln.«

Lernen durch Spielen ist die beste Möglichkeit, Kindern in der Schule Wissen zu vermitteln, sagen zwei dänische Wissenschaftler bei der europäischen Wissenschaftskonferenz ESOF: http://videnskab.dk/miljo-naturvidenskab/born-skal-lege-sig-klogere-i-skolen.

Jennifer Freeman, J., Epston, D., und Lobovits, D. »Ernsten Problemen spielerisch begegnen.« In: *modernes lernen*, 2011.

Kapitel 3: L steht für Lernorientierung

Traurige Filme machen glücklich. Knobloch-Westerwick, S., Gong, Y., Hagner, H., und Kerbeykian, L. »Tragedy Viewers Count Their Blessings: Feeling Low on Fiction Leads to

Feeling High on Life.« In: *Communication Research* 40, Nr. 6 (2013): 747–66.

Oliver, M. B., und Raney, A. A. »Entertainment as Pleasurable and Meaningful: Differentiating Hedonic and Eudaimonic Motivations for Entertainment Consumption.« In: *Journal of Communication* 61, Nr. 5 (2011): 984-1004; Cohen, E. L. »TV So Good It Hurts: The Psychology of Watching *Breaking Bad.*« In: *Scientific American*, 29. September 2013, http://blogs.scientificamerican.com/guest-blog/2013/09/29/tv-so-good-it-hurts-the-psychology-of-watching-breaking-bad/.

Debatte über das Ende des Märchens »Die kleine Meerjungfrau«. Manche Geisteswissenschaftler halten das Happyend für eine unnatürliche Ergänzung. http://en.wikipedia.org/wiki/The_Little_Mermaid.

Die Gefühle, Gedanken und Absichten verstehen, die dem Verhalten des Kindes zugrunde liegen.

Ostergaard Hagelquist J. und Kohler Skov, M. *»Mentalisering i pædagogik og terapi«*, Latvia: Hans Reitzels Forlag, 2014.

Demut heißt nicht, zu ignorieren, wer oder was man ist, sondern zu akzeptieren, was man in Bezug auf den anderen nicht ist.

Artikel über Demut und Ethik in Dänemark von Jacob Birkler »Ydmyghed er en sand dyd«, etik.dk, 15. August 2011, www.etik.dk/klummen-etisk-set/ydmyghed-er-en-sand-dyd.

Dweck, C. S. *»Selbstbild: Wie unser Denken Erfolge oder Niederlagen bewirkt«*, Piper Taschenbuch, 2009.

Dweck, C. S. *»Self-Theories: Their Role in Motivation, Personality und Development«*, Philadelphia: Taylor and Francis/Psychology Press, 1999.

Blackwell, L. S., Trzesniewski, K. H., und Dweck, C. S. »Implicit Theories of Intelligence Predict Achievement Across an Adolescent Transition: A Longitudinal Study and an Intervention.« In: *Child Development* 78, Nr. 1 (2007): 246–63.

Bei Studien mit Fünftklässlern wurde untersucht, wie Lob für Intelligenz zu einer gefestigten Geisteshaltung führt. Mueller, C. M., und Dweck, C. S. »Intelligence Praise Can Undermine Motivation and Performance.« In: *Journal of Personality and Social Psychology* 75, Nr. 1 (1998): 33–52.

Plastizität des Gehirns. Doidge, N. *»Neustart im Kopf: Wie sich unser Gehirn selbst repariert«*, Campus, 2014.

Ausdauer und Leistungsbereitschaft beim Auftreten von Hindernissen: Ericsson, K. A., Charness, N., Feltovich, P. J., und Hoffman, R. R. (Hrsg.) *»The Cambridge Handbook of Expertise and Expert Performance«*, New York: Cambridge University Press, 2006.

Rae-Dupree, J. »If You're Open to Growth, You Tend to Grow.« In: *New York Times*, 6. Juli 2008, http://www.nytimes.com/2008/07/06/business/06unbox.html?_r=0.

Weitere Quellen und Anregungen

Brooks, A. C. »Love People, Not Pleasure.« In: *New York Times*, 18. Juli 2014, http://www.nytimes.com/2014/07/20/opinion/sunday/arthur-c-brooks-love-people-not-pleasure.html?_r=1.

Der Widerstand kann gestärkt werden. www.psykiatrifonden.dk.

Kapitel 4: U steht für Umdeuten

Realistischer Optimismus. Resilienz und Erfolg. Durchhaltevermögen. In: *Scientific American Mind,* August 2013.

»Mehr als Bildung, mehr als Erfahrung und mehr als Training bestimmt die Resilienz eines Menschen über Erfolg und Misserfolg. Das gilt auf der Krebsstation ebenso wie bei den Olympischen Spielen und auf den Vorstandsetagen.« Coutu, D. »How Resilience Works.« In: *Harvard Business Review,* Mai 2002.

Zahlreiche Studien zeigen, dass die absichtliche Uminterpretation eines Ereignisses, die zu einem positiven Gefühl führt, die Aktivitäten in der Amygdala und der Insula – Gehirnregionen, die für die Verarbeitung negativer Gefühle zuständig sind – verringert und die Aktivität in Gehirnregionen verstärkt, die für kognitive Steuerung und adaptive Integration zuständig sind. Beck, A. T., und Emery, G. *»Kognitive Verhaltenstherapie bei Angst und Phobien«,* dgvt, 1981.

Borkovec, T. D., und Whisman, M. A. »Psychosocial Treatment for Generalized Anxiety Disorder.« In: M. Mavissakalian, M., und Prien, R. (Hrsg.) *»Anxiety Disorders: Psychological and Pharmacological Treatments«* (im Druck), Washington, DC: American Psychiatric Press.

Wütende Gesichter. Sheppes, G., Scheibe, Suri, G., Radu, P., Blechert, J., und Gross, J. J. »Emotion Regulation Choice: A Conceptual Framework and Supporting Evidence.« In: *Journal of Experimental Psychology* 143, Nr. 1 (2014): 163–81.

Spinnen und Schlangen. Shurick, A. A., Hamilton, J. R., Harris,

L. T., Roy, A. K., Gross, J. J., und Phelps, E. A. »Durable Effects of Cognitive Restructuring on Conditioned Fear.« In: *Emotion* 12, Nr. 6 (2012): 1393–7.

Wir drücken uns in Gesprächen mit uns selbst, mit Angehörigen und Kollegen oft in einer negativ definierenden Weise aus: »Ich bin deprimiert«, »Sie ist unmöglich«, »Er hört nie zu.« Rasmussen, S. A. *»Det fjendtlige sprog—Refleksioner over udviklmger ipsykiatnen«,* Kopenhagen: Universitetsforlaget, Fokus, 2003, 229–45.

Umdeutung sollte in unserem Trinkwasser enthalten sein. Prehn, A. »The Neuroscience of Reframing & How to Do It«, Udemy-Video, 10:48, https://www.udemy.com/the-neuroscience-of-reframing-and-how-to-do-it/.

»Durch unsere persönliche Erzählung nehmen wir die Lektionen aus den Ereignissen in unserem Leben in uns auf und geben ihnen Bedeutung. Durch unsere persönliche Erzählung verknüpfen wir die Ereignisse in unserem Leben mit Sequenzen, die sich im Laufe der Zeit nach spezifischen Themen abspielen.« White, M. »The narrative perspective in therapy.« Ein Interview mit Bubenzer, D., West, J., & Boughner, S. In *»Re-Authoring Lives: Interviews and Essays«*, S.11–40. Adelaide: Dulwich Centre Publications.

Der Mensch neigt von Natur aus zum Interpretieren und versucht, Ereignissen eine Bedeutung beizumessen. Eine Erzählung ist wie ein Faden, der Ereignisse miteinander verwebt und eine Geschichte formt. Solche Geschichten haben den Zweck, unser Leben zu prägen. Indem wir Ereignisse in einer alternativen Geschichte zusammenstellen, können wir neue Möglichkeiten eröffnen, uns selbst und die Welt zu sehen. Morgan, A. *»What is Narrative Therapy?«*, Dulwich Centre Publications, 2000.

Um einen Prozess zu fördern, den White »Reauthoring« nennt, kann der Erwachsene dem Kind Fragen zu etwas stellen, das er »Aktionslandschaft« und »Landschaftsbewusstsein« nennt. In therapeutischen Gesprächen kann der Therapeut mithilfe dieser Konzepte einen Kontext schaffen, in dem Menschen vielen übersehenen, aber wichtigen Ereignissen in ihrem Leben Bedeutung beimessen können. White, M. *»Landkarten der narrativen Therapie«*.

Ein Problem ist nur dann ein Problem, wenn es als Problem bezeichnet wird. Allan Holmgren, in einem Gespräch mit der Autorin, 2014; Holmgren, A. *»Fra terapi til pedagogik: En brugsbog i narrativ praksis«*, Kopenhagen: Hans Reitzels Forlag, 2010.

Wir wollen die Bedeutung von Verhalten verstehen.
Bruner, J. *»Sinn, Kultur und Ich-Identität«*, Carl-Auer, 1997.

Außergewöhnliche Ergebnisse, auch »Ausnahmen« genannt, können auch als Initiativen eingestuft werden. Außergewöhnliche Ergebnisse gibt es immer im Leben, aber sie werden meist übersehen und gehen verloren. White, M. *»Landkarten der narrativen Therapie«*.

Das Unterscheiden zwischen dem Verhalten und dem Menschen wird als »Externalisierung« bezeichnet. Externalisierung hilft Menschen, ein Problem aufzulösen oder auseinanderzunehmen und anschließend einfallsreich Geschichten dazu zu kreieren. White, M. *»The Narrative Perspective in Therapy«*.

Über Probleme so zu sprechen, dass sie von der Person getrennt betrachtet werden, ist eine linguistische Methode, die

Raum für alternative Beschreibungen von Kindern schafft, sodass sie Ausdrucksformen finden können, die ihre Lieblingsgeschichten zugänglicher machen (»*The Narrative Perspective in Therapy*«).

White, M., und Morgan, A. »*Narrative Therapy with Children and Their Families*«, Dulwich Centre Publications, 2006. »Ich habe das Potenzial, das in externalisierenden Gesprächen steckt, hervorgehoben und verdeutlicht, um (a) Menschen zu helfen, sich von negativen Schlussfolgerungen über Identität zu lösen, und (b) den Weg für andere Gespräche zu bereiten, die zur Erkundung und Entstehung positiverer identitätsbezogener Schlussfolgerungen beitragen. Diese positiven identitätsbezogenen Schlussfolgerungen sind keine isolierten Phänomene. Sie sind mit bestimmten Kenntnissen bezüglich des Lebens und der Lebenspraktiken verknüpft.«

»Man kann und muss immer eine andere als die vorherrschende Geschichte erzählen. Die einzelnen Geschichten erzeugen keine Tiefe, keine Perspektive. Wir halten es für relevanter, diese Geschichten zu verdichten, als unsere Kinder mit oberflächlichem Lob zu überhäufen.« White, M. »*The Narrative Perspective in Therapy*«.

Kapitel 5: E steht für Empathie

Der Grad der Empathie ist um 50 Prozent gesunken. Konrath, S., O'Brien, E., und Hsing, C. »Changes in Dispositional Empathy in American College Students over Time: A Meta-

Analysis.« In: *Personality and Social Psychology Review* 15, Nr. 2 (2011): 180–98.

Der Narzissmus hat signifikant und linear zugenommen. Twenge, J. M., und Foster, J. D. »Birth Cohort Increases in Narcissistic Personality Traits Among American College Students, 1982–2009.« In: *Social Psychological and Personality Science* 1, Nr. 1 (2010): 99-106; Twenge, J. M., Konrath, S., Foster, J. D., Campbell, W. K., und Bushman, B. J. »Egos Inflating over Time: A Cross-Temporal Meta-Analysis of the Narcissistic Personality Inventory.« In: *Journal of Personality* 76, Nr. 4 (2008): 875–902.

Gray, P. »Why Is Narcissism Increasing Among Young Americans?« In: *Psychology Today,* 16. Januar 2014, http://www.psychologytoday.com/blog/freedom-learn/201401/why-is-narcissism-increasing-among-young-americans.

Der Narzissmus hat neue Höchstwerte erreicht. Twenge, J. M., und Campbell, W. K. *»The Narcissism Epidemic: Living in the Age of Entitlement«,* New York: Free Press, 2009.

Wir haben in den USA viele Jahre lang geglaubt, dass der Mensch, wie die Natur, im Grunde egoistisch, aggressiv und konkurrenzorientiert sei. Szalavitz, M. »Is Human Nature Fundamentally Selfish or Altruistic?« In: *Time,* Oktober 2012, http://healthland.time.com/2012/10/08/is-human-nature-fundamentally-selfish-or-altruistic/.

Brown, B. »People are afraid to be vulnerable for disconnecting ... We are the most in debt, obese, addicted und medicated society in the world.« Aus: Brown, B. »The Power of Vulnerability«, aufgenommen im Juni 2010, TED-Video, 20:19, https://www.ted.com/ talks/brene_brown_on_vulnerability.

Das soziale Gehirn. Lieberman, M. D. *»Social: Why Our Brains Are Wired to Connect«*, New York: Crown, 2013.

Lieberman ist davon überzeugt, dass uns nicht nur Eigeninteresse, sondern auch das Interesse am Wohlergehen anderer einprogrammiert ist. »The Social Brain and Its Superpowers: Matthew Lieberman, Ph. D., at TEDxStLouis«, YouTube-Video, 17:58, gepostet von »TEDx Talks« am 7. Oktober 2013, https://www.youtube.com/watch?v=NNhk3owF7RQ& feature=kp.

Gefangenendilemma. Henig, R. M. »Linked In: ›Social‹ by Matthew D. Lieberman.« In: *New York Times,* November 1, 2013, http://www.nytimes.com/2013/11/03/books/review/social-by-matthew-d-lieberman.html?_r=1.

Empathiestudien mit Tieren. Aus evolutionärer Sicht war Empathie ein wichtiger Impuls, der uns half, in Gruppen zu überleben. De Waal, F. *»Das Prinzip Empathie: Was wir von der Natur für eine bessere Gesellschaft lernen können«,* Carl Hanser, 2011.

Ross, G. »An Interview with Frans de Waal.« In: *American Scientist,* http://www.emory.edu/LIVING_LINKS/empathy/Reviewfiles/americanscientist.html.

De Waal, F. »Moral Behavior in Animals«, aufgenommen im November 2011, TED-Video, 16:52, http://www.ted.com/talks/frans_de_waal _do_animals_have_morals.

Erst als Wissenschaftler begannen, die Interaktion zwischen Babys und ihren Müttern zu beobachten, änderte sich das Bild von Grund auf. Es wurde ersichtlich, dass Kinder mit einer Fähigkeit geboren werden, die Professor Daniel N. Stern »Fading« nennt – d. h., der Fähigkeit, sich auf die Gefühle und Stimmungen der Mutter einzustimmen und das später auch mit anderen Menschen zu praktizieren. Das führt uns zu den Grundlagen der menschlichen Fähigkeit zurück, sich in andere Menschen einzufühlen, ihre Gefühle wahrzunehmen und zu verstehen.

Näheres zum Thema »Empathie«: http://www.family-lab.com/about/jesper-juul-articles/item/empati-3.

Das Mittelhirn, oder Mesenzephalon, enthält Anteile des limbischen Systems, das man als die Chemiefabrik des Gehirns bezeichnen könnte. Das limbische System ist sehr wichtig für unser Sozialverhalten und unsere Gefühle. Das Zwischenhirn umfasst Thalamus, Hypothalamus und Hypophyse.

Siegel, D., Center for Building a Culture of Empathy. http://cultureofempathy.com/References/Experts/Daniel-Siegel.htm.

»Empathie ist kein Luxus, sondern eine Notwendigkeit.« Siegel, D., und Rutsch, E. »Dialogs on How to Build a Culture of Empathy«, YouTube-Video, 58:22, gepostet von Edwin Rutsch am 29. Oktober 2012, http://www.youtube.com/watch?v=XIzTdXdhU0w.

Die allererste Empathieerfahrung: Wenn Eltern auf die verschiedenen Ausdrucksformen des Kindes reagieren. Auf diese Weise teilen sie ihrem Kind mit, dass sie da sind und ihm helfen wollen.

In seinen ersten Lebensjahren übt Ihr Kind fleißig, andere Menschen zu verstehen und auf sie einzugehen. Wenn es seiner Puppe einen Schnuller gibt, seinen kleinen Bruder auf den Schoß nimmt und Vater-Mutter-Kind spielt, sind all das wichtige Schritte im Rahmen der Empathieentwicklung.

Charlotte Clemmensen: »Schon sehr junge Babys reagieren

auf die Gefühle anderer Menschen. Studien haben gezeigt, dass Babys auf das Weinen anderer Menschen mit Angst oder Unruhe reagieren oder sogar selbst zu weinen anfangen.« Charlotte Clemmensen ist Psychologin an der Dänischen Hochschule für Erziehung (Danmarks Psdagogiske Universitetskole). www.voresborn.dk/barn-3-8/psykologi-og-udvikling/4254-laer-dit-barn-at-vaere-god-mod-andre.

18 Monate alte Kinder versuchen fast immer, einem Erwachsenen zu helfen, der sich offenkundig mit einer Aufgabe abmüht.
http://www.eva.mpg.de/german/psychologie/publikationen-und-videos/videomaterial.html?Fsize=0%25252C.

Wenn ein Erwachsener die Hand nach etwas ausstreckt, versucht das Kleinkind, es ihm zu geben, und wenn es sieht, dass dem Erwachsenen etwas heruntergefallen ist, hebt es den Gegenstand für ihn auf. Wirft er aber etwas absichtlich auf den Boden, hebt das Kind es nicht auf. Warneken, F., und Tomasello, M. »Altruistic Helping in Human Infants and Young Chimpanzees.« In: *Science* 311, Nr. 5765 (2006): 1301—3; Gjersoe, N. »The Moral Life of Babies.« In: *Guardian,* 12. Oktober 2013, http://www.theguardian.com/science/2013/ oct/12/babies-moral-life.

Kinder lernen zuallererst von ihren Eltern. Indem sie Empathie und Mitgefühl zeigen, geben die Eltern diese Fähigkeiten an ihre Kinder weiter. www.family-lab.com/about/jesper-juul-articles/item/empati-3.

Das Kleinkind lernt durch Nachahmung dessen, was in seiner Umgebung passiert, sowie durch Dialoge, indem es Wörter und Gegenstände oder Konzepte miteinander verbindet. In der Gesellschaft anderer Kinder werden Kinder in Bezug auf Interpretations- und Kommunikationsfähigkeit geschult. Das geschieht oft durch Imitation, Körpersprache, Mimik und lustige Zwischenfälle. http://dcum.dk/dagtilbud/artikler-og-debat/boerns-sproglige-udvikling.

Die Herkunftsfamilie kann die Empathiefähigkeit von Kindern beeinflussen. Jesper Juul ist ein international renommierter Redner, Autor, Familientherapeut und Pädagoge mit Engagements in mehr als fünfzehn Ländern. Seine Erkenntnisse wurden durch die neurowissenschaftliche Forschung sowie durch die Beziehungspsychologie bestätigt und bilden die Grundlage für ein neues Paradigma und eine neue Perspektive in der Familienforschung, für die Prinzipien im Umgang mit Familien sowie für die Interaktion zwischen Kindern, Jugendlichen und Erwachsenen.

Juul, Jesper *»Die kompetente Familie: Neue Wege in der Erziehung«*, Beltz, 2016.

Durch die dynamische Interaktion zwischen neuropsychologischen und entwicklungspsychologischen Faktoren verdeutlichte Störungen bei Kindern. Hart, S., und Moller, I. »Udviklingsforstyrrelser hos Børn Belyst Udfra det Dynamiske Samspil Mellem Neuropsykologiske og Udviklingspsykologiske Faktorer« (2001), www.neuroaffect.dk/Artikler_pdf/kas2.pdf.

Kinder aus überbehütenden Familien sind später anfälliger für Narzissmus, Ängste und Depressionen. Sullivan, R. »Helicopter Parenting Causes Anxious Kids«, ABC Science, 20. August 2012, http://www.abc.net.au/science/articles/2012/08/20/3570084.htm.

Kortisol wirkt sich auf das Gehirn von Kindern aus. Gerhardt, S. *»Die Kraft der Elternliebe: Wie Zuwendung das kindliche Gehirn prägt«*, Patmos, 2006.

Soziale und emotionale Kompetenzen können wie jede andere Fähigkeit erworben werden. Um sich zu entwickeln, müssen sie durch Worten und Taten sichtbar gemacht, unterstützt und anerkannt werden. Eine der wichtigsten Kompetenzen, die ein Kind während der Kindheit erwirbt, ist die Fähigkeit, Beziehungen einzugehen. »Step by Step« ist ein komplettes Programm zur Vermeidung von Mobbing und Gewalt und zur Förderung von Empathie und der Entwicklung sozialer Kompetenzen. Es ist ein systematisches, logisch strukturiertes und praktisch anwendbares Bildungsprogramm, das die Entwicklung von Empathie, Impulskontrolle und Problemlösungsfähigkeiten fördert.

Step by Step (Second Step) wurde von CESEL entwickelt. http://spf-nyheder.dk/download/om_cesel.pdf.

CAT-kit: www.cat-kit.com/?lan=en&area=catbox&page=catbox.

The Mary Foundation: http://www.maryfonden.dk/en.

Paul, A. M. »The Protégé Effect.« In: *Time*, 30. November 2011, http://ideas.time.com/2011/11/30/the-protege-effect/.

Studien haben gezeigt, dass es sehr lehrreich ist, anderen zu helfen.

Wir wissen, dass Empathie einer der wichtigsten Einzelfaktoren ist, die erfolgreiche Führungspersönlichkeiten, Unternehmer, Manager und Unternehmen ausmachen. Ashoka, »Why Empathy Is the Force That Moves Business Forward.« In: *Forbes*, 30. Mai 2013, http://www.forbes.com/sites/ashoka/2013/05/30/why-empathy-is-the-force-that-moves-business-forward/.

Empathische Teenager sind nachweislich erfolgreicher, weil sie zielorientierter als narzisstische Jugendliche sind. Uche, U. »Are Empathetic Teenagers More Likely to Be Intentionally Successful?« In: *Psychology Today*, 3. Mai 2010, http://www.psychologytoday.com/blog/promoting-empathy-your-teen/201005/are-empathetic-teenagers-more-likely-be-intentionally.

Logstrup, K. E.: https://www.kristeligt-dagblad.dk/debat/fasthold-den-etiske-fodring-fort%C3%A6llinger-udvikler-b%C3%B8rns-empati; https://www.kristeligt-dagblad.dk/liv-sj%C3%A6l/i-begyndelsen-er-tilliden.

Das Szenario, bei dem Lisa am Strand spielt, wurde von Jesper Juul, dem renommierten dänischen Familientherapeuten, inspiriert und illustriert Empathie, Grenzen und mögliche Verhaltensweisen. www.jesperjuul.com.

Studien zeigen, dass Vorlesen zu einer deutlichen Stärkung der Empathiefähigkeit führt.

Mar, R., Tackett, J., und Moore, C. »Exposure to Media and Theory-of-Mind Development in Preschoolers« In: *Cognitive Development* 25, Nr. 1 (2010): 69-78.

Gestörte Beziehungen führen nachweislich zu körperlichen und seelischen Schäden. O'Connor, L. E. »Forgiveness: When and Why Do We Forgive.« In: *Our Empathic Nature* (Blog), *Psychology Today*, 21. Mai 2012, http://www.psychologytoday.com/blog/our-empathic-nature/201205/forgiveness-when-and-why-do-we -forgive.

Empathie und Verzeihen aktivieren dieselben Gehirnregionen. Zheng, Y., Wilkinson, I. D., Spence, S. A., Deakin, J. F., Tarrier, N., Griffiths, P. D., und Woodruff, P. W. »Investigating the Functional Anatomy of Empathy and Forgiveness.« In: *Neuroreport* 12, Nr. 11 (2001): 2433-8.

Enge freundschaftliche und familiäre Beziehungen sind der wichtigste Faktor in Bezug auf wahres Glück – viel wichtiger als Wohlstand. Ben-Shahar, T. »Five Steps for Being Happier Today.« Big Think Video, 1:46, 2011, http://bigthink.com/users/talbenshahar.

Kapitel 6: C steht für Coolbleiben

Einige Studien deuten darauf hin, dass bis zu 90 Prozent der Amerikaner immer noch gelegentlich körperliche Züchtigungen als Form der Disziplinierung einsetzen. Schrock, K. »Should Parents Spank Their Kids?« In: *Scientific American,* 1. Januar 2010, http://www.scientificamerican.com/article/to-spank-or -not-to-spank/.

Auch in Deutschland ist die körperliche Züchtigung noch nicht aus den Familien verschwunden. Laut einer Forsa-Studie im Auftrag der Zeitschrift *Eltern* bestrafen 40 Prozent der Eltern ihr Kind mit einem Klaps auf den Po, 10 Prozent mit einer Ohrfeige und 4 Prozent versohlen ihrem Kind den Hintern. »Viele Eltern schlagen immer noch zu« In: *Süddeutsche Zeitung,* 22. Mai 2012, http://www.sueddeutsche.de/leben/studie-zu-gewalt-an-kindern-viele-eltern-schlagen-immer-noch-zu-1.1306909.

Körperliche Bestrafung in Schulen ist in einigen Bundesstaaten der USA immer noch erlaubt. Obwohl sie in 31 Staaten verboten ist, ist sie an Privatschulen in allen 50 Staaten zulässig. *Wikipedia,* Stichwort »school corporal punishment«, zuletzt geändert am 13. Februar 2016, http://en.wikipedia.org/ wiki/School_corporal_punishment.

In der Literatur wird im Allgemeinen zwischen vier verschiedenen Erziehungsstilen unterschieden. »Parenting Styles«, Education.com, www.education.com/reference/article/parenting-styles-2/.
https://de.wikipedia.org/wiki/Erziehungsstil

Baumrind, D. »Current Patterns of Parental Authority.« In: *Developmental Psychology Monographs* 4, Nr. 1, Teil 2 (1971): 1–103. Diane Baumrind hat die verschiedenen Stile untersucht, die Eltern bei der Kindererziehung anwenden.

Eine sehr kontrollierende, autoritäre Erziehung kann dazu führen, dass Kinder rebellieren. »What's Wrong with Strict Parenting?« In: Aha! Parenting, http://www.ahaparenting.com/parenting-tools/positive-discipline/strict-parenting.

Eine kürzlich durchgeführte Analyse von Forschungsarbeiten aus den letzten 20 Jahren zu den langfristigen Folgen körperlicher Bestrafung kam zu der Schlussfolgerung, dass Schlagen nicht nur nicht funktioniert, sondern geradezu katastrophale Auswirkungen auf die langfristige Entwicklung von Kindern haben kann. MacMillan, H. L., Boyle, M. H., Wong, M. Y.-Y., Duku, E. K., Fleming, J. E., und Walsh, C. A. »Slapping and Spanking in Childhood and Its Association with Lifetime Prevalence of Psychiatric Disorders in a General Population Sample.« In: *Canadian Medical Association Journal* 161, Nr. 7 (1999).

Mithilfe bildgebender Verfahren konnte gezeigt werden, dass körperliche Strafen Gehirnregionen verändern können, die an der Leistung bei IQ-Tests beteiligt sind. Tomoda, A., Suzuki, H., Rabi, K., Sheu, Y. S., Polcari, A., und Teicher, M. H. »Reduced Prefrontal Cortical Gray Matter Volume in Young Adults Exposed to Harsh Corporal Punishment.« In: *NeuroImage* 47, Beilage 2 (2009): T66–71.

Körperliche Strafen und Drogenmissbrauch. Es deutet einiges darauf hin, dass Schlagen Auswirkungen auf Gehirnregionen haben kann, die an der Gefühls- und Stressregulierung beteiligt sind. Afifi, T. O., Mota, N. P., Dasiewicz, P., MacMillan, H. L., und Sareen, J. »Physical Punishment and Mental Disorders: Results from a Nationally Representative US Sample.« In: *Pediatrics* 130, Nr. 2 (2012): 184–92.

Ein Fallbeispiel: In der von George Holden durchgeführten Studie schlug eine Mutter ihr Kleinkind, nachdem sie von dem Kind geschlagen oder getreten worden war. Dabei sagte sie: »Das soll dir helfen, daran zu denken, dass du deine Mutter nicht schlagen darfst.« »Eine erstaunliche Ironie«, meint Holden. Rochman, B. »The First Real-Time Study of Parents Spanking Their Kids.« In: *Time,* 28. Juni 2011, http://healthland.time.com/2011/06/28/would-you-record-yourself-spanking-your-kids/; »The First Real-Time Study of Parents Spanking Their Kids«, YouTube-Video, 23:05, gepostet von Stefan Molyneux am 22. April 2014, https://www.youtube.com/watch?v=N3iw0py_PL8.

Körperliche Bestrafungen wurden in Dänemark im Laufe des 20. Jahrhunderts nach und nach verboten. Die Bestrafung von Dienstboten wurde 1921 verboten, und 1951 wurde die körperliche Bestrafung an staatlichen Schulen in Kopenhagen abgeschafft. Das »Rohrstock-Rundschreiben« von 1967 machte schließlich jeder Form von körperlicher Bestrafung an dänischen Schulen ein Ende. Das elterliche Recht auf Züchtigung von Kindern blieb zunächst unangetastet. Seit der generellen Abschaffung der körperlichen Bestrafung ist Gewalt gegen Kinder jedoch im selben Maße strafrechtlich verfolgbar wie andere Formen der Gewalt gegen andere.

In Dänemark wurde körperliche Bestrafung in mehreren Schritten abgeschafft, zuletzt 1997 durch die Gesetzesergänzung, die das Schlagen von Kindern eindeutig verbietet. http://da.wikipedia.org/wiki/Revselsesret.

Inzwischen haben mehr als 32 Länder (ein Großteil Europas, Costa Rica, Israel, Tunesien und Kenia) ähnliche Gesetze. *Wikipedia,* Stichwort »corporal punishment in the home«, zuletzt geändert am 11. Februar 2016, http://en.wikipedia.org/wiki/Corporal_punishment_in_the_home.

https://de.wikipedia.org/wiki/Körperstrafe

Studien zeigen, dass Kinder autoritativer Eltern mit höherer Wahrscheinlichkeit selbstständig, sozial akzeptiert und akademisch erfolgreich werden und gutes Benehmen zeigen. Bei ihnen treten seltener Depressionen und Ängste auf, und sie zeigen seltener antisoziales Verhalten, wie Straftaten und Drogenmissbrauch. Fletcher, A., Steinberg, L., und Sellers, E. »Adolescents' Well-Being as a Function of Perceived Interparental Consistency.« In: *Journal of Marriage and the Family* 61, Nr. 3 (1999): 599–610; Wener, E. E., und Smith, R. S. *»Vulnerable but Invincible: A Longitudinal Study of Resilient Children and Youth«,* New York: McGraw-Hill, 1982.

Wissenschaftliche Untersuchungen deuten darauf hin, dass schon *ein* autoritativer Elternteil einen großen Unterschied bewirken kann. Fletcher, A., Steinberg, L., und Sellers, E. »Adolescents' Well-Being«.

Sie sind mehr auf ihre Eltern ausgerichtet und weniger von Gleichaltrigen beeinflusst. Bednar, D. E., und T. Fisher, T. D. »Peer Referencing in Adolescent Decision Making as a Function of Perceived Parenting Style.« In: *Adolescence* 38, Nr. 152 (2003): 607-21.

Alle Schüler einzubeziehen, wenn es darum geht, aus der Klasse eine sozial verantwortliche Gemeinschaft zu machen, ist ein Prozess, der im Kindergarten beginnt und bis zum Schulabschluss andauert. Diese Arbeit trägt zur Vermeidung von Störungen bei und ist auch wichtig im Hinblick auf mobbingfreie Schulen.

Die Schule sollte sich darüber im Klaren sein, dass die Pause eine Zeit ist, in der Kinder durch Spielen lernen und zu spielen lernen.

Ein Artikel zu Strategieoptionen bei Unterrichtsstörungen in der Schule: Danmarks Lærerforening, Juli 2009. www.dlf.org/media/97473/UroISkolen2.pdf.

Fotos von Balancierscheiben und aufblasbaren Kissen: www.podconsult.dk/inklusiononline/flyers/sidderedskaber%202.pdf.

Knautschspielzeug: www.familierum.dk/forside/category/dimse.

Runden auf dem Schulhof laufen

Wir wissen heute, dass körperliche Aktivität wichtig für die Gesundheit von Kindern sowie für die Entwicklung motorischer, kognitiver und sozialer Fähigkeiten und der persönlichen Identität ist. Da es auch eine universelle Erfahrung von Lehrern ist, dass viele Kinder durch Bewegung eine starke Lernmotivation entwickeln, spricht vieles dafür, Bewegung in den täglichen Unterricht einzubauen. Deshalb haben das Gesundheitsministerium, die Gesundheitsbehörde von Kopenhagen und die Abteilung für Kinder und Jugendliche der Stadtverwaltung sowie das Zentrum für Kinder und Jugendliche eine Zusammenarbeit gestartet, um konkrete Anleitungen dafür zu entwickeln und Anregungen dafür zu liefern, wie Lehrer in Fächern wie Dänisch, Mathematik, Englisch, Deutsch und Geschichte Bewegung und körperliche Aktivität in den Schulunterricht integrieren können. Dieses Material trägt den Titel »Sport im Unterricht: Ein Lernprojekt für alle«. http://playtool.dk/UserFiles/file/move_school.pdf.

Differenzieren

Es ist eine wichtige Aufgabe für Lehrer, Aktivitäten zu organisieren, die linguistische Herausforderungen für alle Teilnehmer bieten, sodass alle Schüler einen Unterricht entsprechend ihren aktuellen Sprach- und Wissensanforderungen erhalten. http://uvm.dk/Uddannelser/Uddannelser-til-voksne/Overblik-over-voksenuddannelser/Dansk-for-voksneudlaendinge/Arbejdsmarkedsrettet-danskundervisning/God-praksis-paa-kurser-i-arbejdsmarkedsdansk/Undervisere-Undervisningsdifferentiering.

Viele Lehrer empfinden es als große Herausforderung, einen Unterricht zu gestalten, durch den alle Schüler motiviert und herausgefordert werden. Aber guter Unterricht lässt sich bei jeder Klassenzusammensetzung realisieren. http://www.emu.dk/modul/undervisningsdifferentierings%C3%A5-alle-elever-udfordres-og-motiveres.

Entwicklungsstadien von Kindern

Jean Piaget (1896–1980) war ein Schweizer Psychologe, der für seine Studien zu den Gedankenprozessen von Kindern bekannt wurde. Seine Erkenntnisse hatten einen starken Einfluss auf heutige Unterrichtsmethoden. Piaget hielt die Wahrnehmung von Kindern für instabil, verzerrt und von Illusionen beherrscht, und glaubte, dass im Zuge von Lernprozessen oder des Heranwachsens eine allmähliche Annäherung an eine geordnete und systematische Erfahrungswelt stattfinde, die Kindern helfe, sich an ihre Umgebung anzupassen. Er teilte die Entwicklung in folgende Stadien ein: sensomotorische Phase (0–2 Jahre), präoperationale Phase (2–6 Jahre), konkret-operationale Phase (6–12 Jahre) und formal-operationale Phase (ab 12 Jahre). www.leksikon.org/art.php?n=2026.

Erik Erikson (1902–1994) war ein deutsch-amerikanischer Psychoanalytiker und Entwicklungspsychologe, der die Auffassung vertrat, dass die Persönlichkeit viel stärker durch die Beziehung zu den Eltern als durch Instinkte und Sexualität geprägt wird und dass sie sich durch eine Reihe von psychosozialen Phasen zwischen früher Kindheit und Alter entwickelt.

Ewen, R. B. »*An Introduction to Theories of Personality.*« 6. Aufl., Mahwah, NJ: Lawrence Erlbaum Associates, 2003.

Weitere Quellen und Anregungen

Handlungsfähigkeit: Ein nachdenklicher Blick auf die Klärung des Lebens von Thorkild Olsen, *Villa venire* A/S, August 2009, http://villavenire.dk/wp- content/uploads/2014/09/narrativ-metode-af-thorkild-olsen1.pdf.

Kapitel 7: K steht für kuscheliges Zusammensein (*hygge*)

Wissenschaftliche Forschung hat gezeigt, dass einer der wichtigsten Faktoren in Bezug auf Wohlbefinden und Zufriedenheit eine schöne gemeinsame Zeit mit Freunden und Angehörigen ist. Eric Barker, »6 Secrets You Can Learn from the Happiest People on Earth«, *Time*, 7. März 2014, http://time.com/14296/6-secrets-you-can-learn-from-the-happiest-people-on-earth/; Ben-Shahar, »Five Steps«.

Jeppe Trolle Linnet vom Fachbereich Marketing und Management der Universität Süddänemark ist einer der wenigen

Menschen auf der Welt, die sich auf *hygge* spezialisiert haben. »*Hygge* ist nicht einfach nur eine angenehme Zeit. *Hygge* ist das, womit wir uns identifizieren. *Hygge* ist das, was die Vorfreude auf Weihnachten ausmacht. Um mit anderen Menschen *hygge* erleben zu können, müssen wir uns der Dinge entledigen, die uns vom Augenblick ablenken«, erklärt er. www.rustonline.dk/2013/12/12/hygge-i-et-seriost-lys/.

Geert Hofstede, ein weltbekannter Kulturpsychologe, gelangte in einer sehr berühmten Studie zu kulturellen Unterschieden zu der Schlussfolgerung, dass in den USA der Individualismus weltweit am stärksten ausgeprägt ist. Geert Hofstede, *Culture's Consequences: Comparing Values, Behaviors, Institutions and Organizations Across Nations,* 2. Aufl. (Thousand Oaks, CA: Sage Publications, 2001); Geert Hofstede, *Interkulturelle Zusammenarbeit* (Gabler, 1993).

Sushan R Sharma: »When ›I‹ is replaced by ›We‹ even ›illness‹ becomes ›wellness‹.« SearchQuotes, Stichwort »Sushan R Sharma quotes & sayings«, http://www.searchquotes.com/quotes/author/Sushan_R _Sharma/5/.

Eine Fabel, die veranschaulicht, welche Wirkung es hat, wenn wir »Ich« durch »Wir« ersetzen. *Wikipedia,* Stichwort »Allegory of the long spoons«, zuletzt geändert am 25. September 2015, http://en.wikipedia.org/wiki/Allegory_of_the_long_spoons.

Teamwork in Dänemark. »Foreningsliv« TNS Gallup steht hinter dem DUF (Dansk Ungdoms Fællesrad [Danischen Jugendrat]) (2014). www.duf.dk.

Singen und *hygge*. Hayley Dixon, »Choir Singing ›Boosts Your Mental Health‹«, *Telegraph,* 4. Dezember 2013, http://www.

telegraph.co.uk/health/healthnews/10496056/Choir-singing-boosts-your-mental-health.html.

Forscher an der Brigham Young University und der University of North Carolina at Chapel Hill haben Daten aus 148 Studien zur Korrelation zwischen Gesundheit und sozialen Beziehungen ausgewertet. J. Holt-Lunstad, T. B. Smith und J. B. Layton, »Social Relationships and Mortality Risk: A Meta-Analytic Review«, *PLoS Medicine* 7, Nr. 7 (2010): e1000316.

In einem weiteren berühmten Experiment zu Gesundheit und sozialen Bindungen setzten Sheldon Cohen von der Carnegie Mellon University und seine Kollegen Hunderte von gesunden Probanden dem Erkältungsvirus aus. Cohen, S., Doyle, W. J., Turner, R. B., C. Alper, M., und Skoner, D. P. »Sociability and Susceptibility to the Common Cold.« In: *Psychological Science* 14, Nr. 5 (2003): 389–95.

Eine Forschungsgruppe in Chicago untersuchte diese Wirkung und bestätigte sie. Soziale Unterstützung hilft tatsächlich, Stress zu bewältigen. Pressman, S. D., Cohen, S., Miller, G. E., Barkin, A. Rabin, S. B., und Treanor, J. J. »Loneliness, Social Network Size und Immune Response to Influenza Vaccination in College Freshmen.« In: *Health Psychology* 24, Nr. 3 (2005): 297-306.

Forschungsergebnisse zeigen, dass Menschen, die bei tragischen Ereignissen in ihrem Leben hart zu bleiben versuchen, viel länger leiden als diejenigen, die ihre Gefühle mitteilen und sich gegenüber anderen verletzlich zeigen.
Ben-Shahar, »Five Steps«.

Dennoch haben Studien gezeigt, dass junge Mütter in dieser schwierigen Phase oft dazu neigen, die soziale Unterstützung zu reduzieren, statt sie zu steigern. Joseph, S., Dalgleish, T., Thrasher, S., und Yule, W. »Crisis Support and Emotional Reactions Following Trauma.« In: *Crisis Intervention & Time-Limited Treatment* 1, Nr. 3 (1995): 203–8.

Unterstützung durch Freunde, Angehörige und Elterngruppen hilft jungen Müttern nachweislich, Stress besser zu bewältigen und somit auch ihre Kinder in einem positiveren Licht zu sehen. Andersen, P. A., und Telleen, S. T. »The Relationship Between Social Support and Maternal Behaviors and Attitudes: A Meta-Analytic Review.« In: *American Journal of Community Psychology* 20, Nr. 6 (1992): 753–74.

Weitere Quellen und Anregungen

Der Film »*Number Our Days*« (Lehre uns bedenken, dass wir sterben) illustriert die Bedeutung von Freunden und geliebten Angehörigen. https://www.youtube.com/watch?v=3aZY1IZc2MU.

Dänen helfen gern. Laut dem World Giving Index der Charities Aid Foundation, einer Bestandsaufnahme der weltweiten Hilfsbereitschaft, stand Dänemark 2012 an siebter Stelle – gemessen am Anteil der Bevölkerung, der für mildtätige Zwecke spendet. Etwa 70 Prozent der Dänen spenden jedes Jahr an Hilfsorganisationen. www.information.dk/455623.

Seit der Veröffentlichung der 18. Ausgabe des *Højskolesangbogens* (Schulliederbuchs) im Jahr 2006 wurden in Dänemark pro Jahr 38 750 Exemplare verkauft. Gesang ist wichtiger denn je und ist Ausdruck der dänischen Mitsingtradition, von deren positiver Wirkung die meisten Dänen überzeugt sind. www.kristeligt-dagblad.dk/danmark/2014-06-21/den-danske-sangskat-er-artiets-bogsucces.

Sachregister

Personenregister